Montessori para bebés

Montessori para bebés

Enséñame a ser yo mismo

Charlotte Poussin

Traducción de Núria Viver

Plataforma Editorial

Título original: *Montessori de la naissance à 3 ans. Apprends-moi à être moi-même*,
originalmente publicado en francés, en 2016,
por Groupe Eyrolles, París

Primera edición en esta colección: septiembre de 2017

Plataforma Editorial
c/ Muntaner, 269, entlo. 1ª – 08021 Barcelona
Tel.: (+34) 93 494 79 99 – Fax: (+34) 93 419 23 14
www.plataformaeditorial.com
info@plataformaeditorial.com

Depósito legal: B. 17.413-2017
ISBN: 978-84-17002-83-1
IBIC: JMC

Printed in Spain – Impreso en España

Realización de cubierta y fotocomposición:
Grafime

El papel que se ha utilizado para imprimir este libro proviene
de explotaciones forestales controladas, donde se respetan
los valores ecológicos, sociales y el desarrollo sostenible del bosque.

Impresión:
Liberdúplex
Sant Llorenç d'Hortons (Barcelona)

Pour leurs témoignages, je remercie :

Karin Karg, Michael-Maria Kammertoens, Dagmar Hunold, Martin Jankowski, Nadia Peter, Myriam Ochoa-Suel, Patrick Suel, Petra Ng'Uni, Davina Donaldson, Romana Antonetti-Kovalevskà, Pascal Antonetti, Rene M., Pierre Gaulke, Tina Bach, Bahati et Bernd Mueller.

Pour ses précieux conseils, une pensée affectueuse à Louis-Philippe Dalembert.

OUVRAGE RÉALISÉ
PAR L'ATELIER GRAPHIQUE ACTES SUD
REPRODUIT ET ACHEVÉ D'IMPRIMER
EN NOVEMBRE 2014
PAR NORMANDIE ROTO IMPRESSION S.A.S
À LONRAI
POUR LE COMPTE DES ÉDITIONS
ACTES SUD
LE MÉJAN
PLACE NINA-BERBEROVA
13200 ARLES

DÉPÔT LÉGAL
1re ÉDITION : JANVIER 2015
N° impr. : 1404602
(Imprimé en France)

Índice

Prólogo

Por fin una obra que se atreve a decir algo evidente. La educación empieza al nacer: la educación no consiste en moldear a un ser humano, sino en ayudarlo a construirse él mismo. La educación es una aventura humana que va del nacimiento a la muerte, es la aventura de la vida.

Este libro nos explica una realidad muy simple: nuestro hijo, desde que nace, es un individuo completo con sus capacidades y sus limitaciones, sus talentos y sus gustos, un individuo dotado de una voluntad y dispuesto a abordar el mundo. Pero, como cada uno de nosotros, este individuo necesita ayuda. Cuanto más apropiada y eficaz sea esta ayuda, más este nuevo individuo podrá poner en marcha sus talentos y dirigir su aventura humana con armonía y felicidad.

Este libro no tiene otro propósito que ayudarnos a ayudar a nuestro hijo. No se trata de encontrar aquí recetas ya preparadas, sino de aprender a construir nosotros mismos una relación con nuestro hijo que esté hecha de confianza, de respeto y de voluntad de excelencia. Al leer este libro, descubrimos al niño tal como es, con su voluntad de explorar y descubrir, sus ganas de controlar lo que lo rodea, de desplazarse por el espacio que tiene alrededor y, sobre todo, con su sed de relacionarse e intercambiar con su entorno.

Los padres jóvenes a menudo nos quedamos perplejos e incluso, a veces, nos angustiamos ante el misterio que es un niño pequeño. Las páginas siguientes nos muestran cómo observar y, sobre todo, cómo respetar la extraordinaria capacidad de concentración que poseen nuestros hijos. Debemos ser conscientes del enorme reto que representa para un niño el descubrimiento de lo que lo rodea. Reconocer los sonidos y los colores, diferenciar el calor del frío, lo dulce de lo salado y otras mil percepciones reclaman de él un esfuerzo de una intensidad que ya no se igualará nunca más durante el resto de su vida.

Por lo tanto, es conveniente ofrecer a nuestro hijo las mejores condiciones para favorecer la realización de esta tarea tan compleja. Hay que construirle alrededor un entorno que estimule y facilite el movimiento y la exploración. Hay que evitar las distracciones demasiado frecuentes que alteren la concentración. Este libro nos aporta no solamente consejos sencillos y prácticos, sino también explicaciones esclarecedoras que nos permitirán comprender mejor lo que ocurre en el corazón y la mente de nuestros pequeños.

Además, nuestro hijo no solamente descubre su cuerpo y sus sentidos, sobre todo realiza el descubrimiento más extraordinario e inquietante: se reconoce como un ser individual, toma conciencia de sí mismo. Descubre muy deprisa que tiene la capacidad de «decidir» por sí mismo. Puede elegir moverse, agarrar, emitir un sonido o atraer la atención de su entorno. Decidir es elegir, es actuar libremente, es practicar la libertad. Es convertirse en un ser humano. Nuestro papel es favorecer este parto del ser que sigue al parto del cuerpo. Para ello, tenemos que aprender a observar a nuestro hijo y a respetar las elecciones que hace. Tenemos que multiplicar las oportunidades que se le ofrecen de hacer nuevas elecciones y, de esta manera, de practicar la libertad y ser consciente de ello.

Este libro nos invita a una reflexión sobre la educación. El mensaje de Maria Montessori es mucho más que un método. Se basa en una observación intensa del niño durante los primeros años. Nos impone respetar el esfuerzo del niño en su recorrido de descubrimiento del mundo, de los demás y, sobre todo, de sí mismo. El talento de Montessori es haber dado una forma concreta y observable a un precepto filosófico muy antiguo ya expresado por Sócrates, como lo describe Platón en el *Teeteto*. Sócrates decía, hablando de sus discípulos: «Lo cierto es que nunca han aprendido nada de mí; encuentran por sí mismos todo tipo de cosas bellas, de las que adquieren; [...] solo hemos hecho con ellos un trabajo de comadrona».

El mérito de esta obra es ayudarnos a poner en práctica este viejo precepto.

André Roberfroid,
presidente de la Fundación Montessori de Francia
y embajador de la Asociación Montessori Internacional
(AMI)

Introducción

El niño pequeño es una persona con todas las de la ley, cuyos mil primeros días tienen una incidencia sobre toda su vida, porque se trata de un periodo creador de su individuo. Tres años fundadores de los que no nos acordamos conscientemente, aunque impregnan nuestra memoria inconsciente. Por lo tanto, el niño de esta edad merece la mayor atención. Se nutre ante todo de amor y de relaciones de calidad. Ojalá este libro pueda participar en la toma de conciencia colectiva de la importancia esencial de los tres primeros años. La educación debe considerarse como una ayuda para la vida, es decir, un servicio prestado al más pequeño que, dada su vulnerabilidad, necesita apoyo para sobrevivir, adaptarse y desarrollarse armoniosamente.

Educar es ayudar, es prestar un servicio. Esta ayuda debe dosificarse bien, porque cualquier intervención inútil puede ser un obstáculo para el desarrollo natural y el equilibrio del niño. Todo es cuestión de medida. ¿Cómo ayudar sin ayudar demasiado? Es la gran pregunta a la que intento responder en este libro basándome en los trabajos de la doctora, pedagoga y psiquiatra Maria Montessori, así como en mi experiencia de «madre exploradora» de cinco hijos que hoy tienen entre 2 y 17 años. Sin olvidar inspirarme en la experiencia de la niña que fui.

> «El niño es el único guía que nos permite saber lo que debe ser la educación.»
> Maria Montessori, *Educación y paz*

Para acompañar bien al niño, es conveniente conocer de antemano las etapas de su desarrollo, desde un punto de vista físico, evidentemente, pero también y sobre todo desde un punto de vista mental, porque su vida psíquica es intensa entre los 0 y los 3 años. Empieza en el nacimiento e incluso antes. El carácter del niño se construye en función de las circunstancias de su vida entre los 0 y los 3 años. Si adquiere malos rasgos de carácter durante este periodo, puede corregirlos fácilmente entre los 3 y los 6 años. Después, su conciencia moral se desarrolla entre los 7 y los 12 años. Tanto más cuanto que su voluntad propia se ha desarrollado bien antes.

Ahora bien, el mensaje principal que Maria Montessori quería transmitir a través de sus relatos, sus libros y sus conferencias es la importancia de respetar al niño. Ella pensaba que los adultos se preocupan demasiado por ser obedecidos, por controlarlo todo, organizar e intervenir en la vida del niño, aunque con las mejores intenciones del mundo, y de esta manera ahogan sus actividades espontáneas, a pesar de que estas proceden de la inspiración de las fuerzas vitales. Pensaba que el ser humano estaba oprimido por este fenómeno desde el nacimiento y que esto explicaba la universalidad de un conflicto inconsciente que reina entre los adultos y los niños. Empleaba términos fuertes para que tuviera lugar una toma de conciencia: sí, la adaptación del niño es necesaria, pero no debe ser brusca, porque el niño, como un brote frágil, necesita una adaptación lenta y tranquila, para no perder su propia personalidad o desarrollar grandes defectos, que ella llamaba «desviaciones».

> «No puede hacerse nada en el mundo del adulto que no se haya hecho primero en el mundo del niño.»
> Maria Montessori, *Educación y paz*

Deploraba el hecho de que el adulto conozca mal al niño, lo considere como una futura persona a la que hay que hacer entrar en un molde, en un entorno cada vez más materialista y alejado de la naturaleza. Hablaba de un adulto «ciego al niño», que no reconoce sus características y sus objetivos, diferentes de los suyos. Esta situación genera una lucha en la que el adulto siempre sale triunfador, aunque cansado, mientras que el niño sale frustrado e incomprendido, incluso lastimado y acomplejado. El adulto pierde la oportunidad de ser feliz participando positivamente en el desarrollo del niño y viviendo en paz con él. El niño pierde el sentimiento de su valor personal. Este sentimiento de inferioridad disminuye su confianza en sí mismo, excepto si transforma su vida en un reto que consistiría en hacerlo siempre mejor que los demás, con el riesgo de convertirse en un adulto angustiado, inquieto, poco caritativo y poco cooperativo.

Maria Montessori oponía dos voces: la del amor, el trabajo, la independencia y la colaboración, y la del odio, la posesión, la dependencia y la competición.

Por lo tanto, se trata de una cuestión crucial.

Porque si el niño se coloca en un entorno favorable para el desarrollo armonioso de su personalidad, construye un ser humano mejor, con una buena salud psíquica, confiado, independiente, creativo, generoso y con ganas de crear un mundo mejor.

Cada niño es una promesa, puesto que lleva en sí un tesoro de entusiasmo y de amor. Cada nacimiento da una nueva esperanza a la humanidad. Pero, para ello, es necesario que las fuerzas positivas del niño estén protegidas.

La educación es el mejor camino para la paz. De ahí la importancia de nuestra misión de educadores.

Nuestro papel puede resumirse en tres puntos:

- Identificar, respetar y comprender las actividades del niño, observándolo.
- Secundar el deseo de actividad real del niño, educarlo en la independencia, prestarle servicio sin servirlo y determinar el umbral adecuado de intervención. Porque el niño no quiere que lo ayuden, quiere estar tranquilo para aprender a hacer las cosas por sí mismo.

- Prestar atención a nuestras relaciones, porque el niño es muy sensible, acoger sus impresiones. Cooperar en lugar de imponer.

Maria Montessori hacía un auténtico alegato por los derechos del niño. Para el educador, no se trata de ser perfecto, sino de hacerlo lo mejor posible. Seamos conscientes de que nuestro objetivo es ayudar a cada niño y, a través de él, ayudar a toda la humanidad a mejorar. ¿Cuál es el secreto del éxito? Sin ninguna duda, esta simple toma de conciencia junto con una mayor humildad.

Ser en lugar de tener.

1.
Maria Montessori
(1870-1952)

Una de las primeras mujeres médicas de Europa

Maria Montessori nace el día 31 de agosto de 1870 en Chiaravalle, una pequeña ciudad situada en la provincia de Ancona, en Italia. Es la única hija de un padre funcionario, bastante austero, y de una madre procedente de una familia de investigadores. Sus padres, preocupados por que su hija reciba una buena instrucción, deciden mudarse a Roma cuando tiene quince años.

Maria realiza estudios de medicina contra la voluntad de todos, pues, en aquella época, estos estudios están reservados a los hombres. Tiene que luchar para obtener autorizaciones excepcionales. Es un recorrido de luchadora. Da muestras de tenacidad y valor. Tiene que hacer disecciones sola, por la noche después de las clases, ¡porque se considera que es indecente que una mujer joven lo haga en presencia de estudiantes masculinos! En 1897, es la primera mujer que obtiene el título de Medicina en Italia.

Realiza estudios de biología, psicología y filosofía entre Francia, Inglaterra e Italia. Trabaja en la clínica psiquiátrica de Roma con niños mentalmente discapacitados. Considera que estos niños necesitan más ayuda psicológica que médica. Defiende sus derechos y su dignidad en numerosas conferencias. El Estado crea entonces una escuela de ortofrenia (el arte de desarrollar las facultades intelectuales) y confía la dirección a Maria Montessori. Se ocupa allí de la mayoría de los niños deficientes de Roma. Los observa incansablemente y se dedica a su desarrollo. Quiere que sean más respetados, estimulados y, por consiguiente, más activos y seguros de sí mismos.

Maria Montessori se inspira en los trabajos de dos médicos franceses del siglo XVIII, Jean Itard y su discípulo Édouard Séguin. Jean Itard es conocido por haber ayudado al famoso Victor, el niño salvaje de Aveyron encontrado hacia los 10 años de edad en un bosque, donde vivía como un animal, sin haber adquirido las características de la especie humana a causa de la soledad en la que creció. Su historia inspiró a François Truffaut, en 1969, para su película *El pequeño salvaje.* Édouard Séguin, por su parte, había creado un material pedagógico destinado a los niños deficientes. Maria Montessori se inspira en sus trabajos para proponer actividades y trabajar con los niños discapacitados. Se observa que sus progresos son impresionantes, en especial en los ámbitos de la escritura y la lectura. Algunos se presentan a los exámenes de fin de estudios primarios y obtienen excelentes resultados. Este éxito es una revelación para ella. Decide entonces investigar lo que puede dificultar el correcto desarrollo de los niños sin discapacidad y quiere proponerles el material pedagógico que ha elaborado. Pronto se presentará la ocasión…

La primera Casa de los Niños

Después de cuatro años como profesora en el Instituto de Pedagogía de la Universidad de Roma, trabajando sobre la historia de la antropología y su aplicación en pedagogía, se le ofrece la oportunidad de crear un lugar de acogida para niños sin discapacidad. Se le confían niños pequeños, hasta entonces librados a su suerte en el barrio obrero de San Lorenzo, en Roma. En enero de 1907, Maria Montessori abre la primera Casa dei Bambini («Casa de los Niños»). Manda construir de inmediato muebles proporcionados al tamaño de los niños, lo cual resulta revolucionario en aquella época. Contrata a una ayudante con la que se ocupa de una cincuentena de niños y les ofrece el material pedagógico que había diseñado para los niños discapacitados.

Con una actitud de investigación, observa las evoluciones espontáneas de los niños en un entorno que ha preparado para ellos. En una escuela que se parece a un laboratorio pedagógico a la vez que conserva un ambiente familiar, adapta el material en función de sus observaciones y elabora también nuevas actividades. Se sorprende ante las capacidades de concentración y autodisciplina de los niños pequeños. Multiplica los experimentos y los descubrimientos positivos.

Observa que los niños necesitan orden, elegir libremente sus actividades, poder repetirlas tanto tiempo como les parezca y tantas veces como deseen, porque buscan más la actividad por sí misma que su finalidad. De esta manera, Maria explora y descubre progresivamente una nueva pedagogía que llamará «científica» y que se convertirá en «el método Montessori». Siempre insistía en el hecho de que no había inventado nada, sino que se había contentado con observar lo que los niños le mostraban, como «la intérprete de los niños». Constata también que los niños «llevan» a su casa nuevas costumbres de cuidados y de orden, y que los balcones de este barrio desfavorecido se llenan de plantas. El desarrollo de los niños se transmite a su entorno.

La multiplicación de las escuelas y la notoriedad

Los progresos de los niños de los que se ocupa son tan impresionantes que se presentan en la prensa internacional. ¡Acuden de las cuatro esquinas del mundo para visitar esta nueva escuela! Se abre una segunda Casa de los Niños en otro barrio pobre de Roma. La fama de Maria Montessori se hace mundial. Redacta varias obras sobre el tema de la pedagogía, del niño y de su desarrollo. Habla en ellos de autoeducación. Todo el mundo quiere conocer sus recetas. Y justamente no se trata de recetas, es un enfoque, una mentalidad. Para transmitirlo y para responder a las peticiones apremiantes de formación, crea un curso en 1909 para formar a educadores de niños de 3 a 6 años y después otro para los de 6 a 12 años. Estos cursos se hacen internacionales en 1913. Estas formaciones pretenden desarrollar su método de manera rigurosa, respetando sus principios fundadores: lo esencial es cambiar la forma de ver al niño, lo cual requiere un cambio interior y un proceso de humildad.

Las escuelas se multiplican gracias a la formación de numerosos educadores de todo el mundo. Pero este desarrollo fulgurante se interrumpe debido a la guerra de 1914. Maria Montessori se exilia a Estados Unidos, donde ya se han abierto numerosas escuelas (un centenar en unos años). Viaja regularmente a Europa, donde participa en la creación de movimientos pedagógicos. Después de la guerra, su regreso a Europa favorece la apertura de numerosos establecimientos inspirados en su pedagogía. Maria Montessori da conferencias y cursos de formación en numerosos países y forma a unos cinco mil educadores. Quiere que el desarrollo de su método se haga respetando ciertos principios fundamentales. Para ello, crea la Asociación Montessori Internacional (AMI), cuyo objetivo es preservar y promover su pedagogía. Esta asociación sigue siendo muy activa. Existen también asociaciones nacionales; en España, se trata de la AME.

Cuando surge el fascismo en Italia, Maria Montessori no aprueba la atmósfera totalitaria reinante y decide exiliarse. Mussolini, que la admiraba, se ofende y decide cerrar todas sus escuelas. Maria Montessori se instala entonces en España y después, ante la llegada de Franco al poder, se marcha a los Países Bajos.

De 1939 a 1945, huye de nuevo de la guerra y se establece en la India, en Madrás. Allí crea numerosas escuelas y conoce a Nehru, Tagore y Gandhi, del que se hace amiga. En este periodo de su vida es cuando se interesa cada vez más por la vida intrauterina y el recién nacido. Insiste en el hecho de que la Paz, con «P» mayúscula, germina mejor si la semilla de la paz se siembra en los niños desde el inicio de la vida. Las relaciones entre los adultos y los bebés, pero también las relaciones de los niños entre sí a escala de la familia, el vecindario y la clase, condicionan la naturaleza de las relaciones de los adultos del mañana. Por eso, los primeros años de la vida son tan valiosos.

De regreso a Italia, después de la Segunda Guerra Mundial, Maria Montessori retoma la formación de educadores y restablece sus escuelas a petición del Gobierno. Publica nuevos libros y continúa su cruzada por la paz. «El establecimiento de una paz duradera es el objetivo de la educación», había escrito unos años antes en *Educación y paz*. Entre 1949 y 1951, es nominada tres veces para el premio Nobel de la Paz, ovacionada en la Unesco y condecorada con la Legión de Honor.

Después, Maria Montessori se instala definitivamente en los Países Bajos, cerca de su hijo Mario, que se ha casado allí y ha fundado una familia. En este momento, al final de su vida, Maria Montessori se dedica más especialmente a los niños pequeños, observando a sus nietos, con los que vive. También había observado durante mucho tiempo a los bebés cuando vivía en la India. En colaboración con Adèle Costa Gnocchi y Gianna Gobbi, dos asistentes a las que confía la concepción de ayudas para el desarrollo de los más pequeños, diseña un espacio adaptado a los bebés hasta los 18 meses, que llama «nido», y otro para los niños de un año y medio a 3 años, comúnmente llamado «comunidad infantil».

Maria Montessori fallece el 6 de mayo de 1952, a los 82 años. Deja tras ella un movimiento de educación nuevo que todavía nos inspira en la actualidad. Su hijo, Mario Montessori, se ocupa de la presidencia de la asociación AMI hasta 1985.

Por otra parte, Maria Montessori fue una gran militante en favor de la mejora de las condiciones de la mujer y de los trabajadores. Se convirtió en la abogada de los niños y denunció el hecho de que trabajaran. Era una mujer decididamente avanzada para su tiempo. En 2007, las escuelas Montessori del mundo entero conmemoraron el centenario de la apertura de la primera Casa de los Niños, y en 2014 se celebró el centenario de la primera escuela Montessori en España.

Montessori hoy

En nuestros días, existen más de 30.000 escuelas Montessori en el mundo, repartidas en más de cincuenta países, sin contar las innumerables escuelas de inspiración montessoriana. En Francia, se cuentan más de 150 escuelas Montessori y numerosos proyectos de creación. Lo cual es muy poco, comparado con nuestros vecinos europeos como Italia, Inglaterra, Alemania, Escandinavia y los Países Bajos, donde incluso existen escuelas Montessori que se benefician de ayudas públicas. Es también el caso de la India, donde hay miles, así como de Japón y América del Norte. También es una pedagogía muy utilizada por las familias que practican la instrucción en casa.

En la actualidad, se realizan investigaciones en el ámbito de las neurociencias y la psicología cognitiva que confirman los descubrimientos de Maria Montessori. Entre ellas, se puede citar la de Angeline Stoll Lillard, investigadora norteamericana y profesora de psicología en la Universidad de Virginia, que ha estudiado los métodos Montessori durante más de 20 años. En su libro *Montessori, the Science Behind the Genius*, publicado en 2005, expone las investigaciones científicas que confirman los principios montessorianos. En Francia, Stanislas Dehaene, neurocientífico y profesor de psicología en el Collège de France, prestó una gran atención a la experimentación de una clase Montessori adaptada en una escuela pública de preescolar de un barrio desfavorecido a las puertas de París, entre 2011 y 2014. Las pruebas efectuadas por un laboratorio del CNRS demostraron que los niños que se habían beneficiado de esta experiencia exitosa tenían un razonamiento por encima de la normalidad nacional. Esta experiencia resultó positiva.

Aunque sea tranquilizador demostrar la eficacia de esta pedagogía, el objetivo de este enfoque no es permitir que los niños sean «adelantados», sino que sean autónomos, estén adaptados y colmados en su sed de aprender y, por consiguiente, que se sientan realizados, individualmente y en comunidad. Esto favorece la igualdad de oportunidades. La pedagogía Montessori aspira a desarrollarse en las casas, las guarderías y las escuelas públicas. Es deseable para todos.

Conviene recordar

Maria Montessori era una mujer vanguardista, religiosa y entregada a la causa de los niños. En primer lugar, creó escuelas para los niños con dificultades: portadores de discapacidades o desfavorecidos. Después, se dedicó a todos los niños. No concibió un enfoque reservado a los ricos, los superdotados o los niños con dificultades, contrariamente a ciertas ideas preconcebidas. Su pedagogía se dirige a todos y milita por el desarrollo de todos los individuos y para la educación por la paz.

BREVE HISTORIA Y GRAN MISIÓN DE LOS CENTROS NASCITA

Odile Anot, presidente del Centro Nascita Montessori del Norte y su red de padres investigadores

Maria Montessori se interesó mucho por la vida humana desde sus inicios; pudo observar el valor del periodo de los 0 a los 3 años y «sus características propias». Deseaba intensamente transmitir a los cuidadores, pero también a los padres, espacios de observación, reflexión y aprendizaje. «Es un tiempo muy importante para empezar bien en la vida y es muy peligroso privilegiar solo el lado biológico», se lee en la revista *Il Quaderno Montessori*,[1] recuperando el pensamiento de Maria Montessori, sobre el tema. Maria Montessori confió a Adèle Costa Gnocchi su proyecto de sensibilización de la importancia de la primera edad en 1946. Fue

1. Grazia Honegger Fresco, «Transmission des savoirs et épanouissement de l'enfant. Montessori: porquoi pas?». *Il Quaderno Montessori*, n.º 39, 1995.

alumna de su primer curso (1909) y también era «una de sus discípulas más sutiles y de mente más abierta». Fue sensible de entrada a este proyecto, ya que ella misma tenía una experiencia original de acogida de los más pequeños. Creó la Scuola Assistenti all'infanzia Montessori (la escuela Montessori de asistencia a la infancia), que prepara a los profesionales para la acogida de los niños pequeños y el respeto de la relación padres-bebé desde el momento del nacimiento; abrió una escuela donde acogía a niños pequeños, teniendo en cuenta a los padres que pedían ayuda. En ella, las asistentes al nacimiento no dudaban en acudir al domicilio de las familias para intentar comprender las fuentes de ciertos problemas y guiar a los padres en la observación del niño. Acto seguido, surgió en Roma un Centro Nascita Montessori (CNM), en 1947. Entre otras iniciativas, tenía la responsabilidad de supervisar lugares de acogida de niños muy pequeños y proponer formaciones y actualizaciones a las asistentes diplomadas y a los padres. La Asociación Centro Nascita Montessori obtuvo su estatuto jurídico en 1963 y sigue en actividad en la actualidad. Si tenemos que nombrar a un gran testigo de esta historia, podemos citar a Grazia Honegger Fresco, que fue alumna de Adèle Costa Gnocchi. Sigue incondicionalmente comprometida con la causa del niño a través de la difusión de la obra Montessori para los más pequeños en un establecimiento del norte de Italia, pero también a través de la revista que dirige: *Il quaderno Montessori*. (Es miembro de honor del AMF.)

2.
El desarrollo del niño entre 0 y 3 años

El desarrollo del niño entre 0 y 3 años se produce por saltos.

Maria Montessori distinguió cuatro periodos de crecimiento, que llamaba los «planos de desarrollo»:

- la primera infancia, de 0 a 6 años;
- la infancia, de 6 a 12 años;
- la adolescencia, de 12 a 18 años;
- la madurez, de 18 a 24 años.

En el linde de cada uno de estos periodos, se encuentra un nuevo niño, con nuevas necesidades, descritas en el libro *Montessori explicado a los padres.*[2]

Nos concentramos aquí en el periodo de la primera infancia y, más concretamente, en su primera mitad, la de los niños más pequeños, que va de 0 a 3 años. La importancia de

2. Plataforma Editorial, 2017.

esta etapa de desarrollo es esencial, porque condiciona toda la vida de la persona. En efecto, aunque algunos parecen a veces escépticos, el bebé tiene una vida psíquica intensa desde el nacimiento, ¡e incluso antes! Esta toma de conciencia es capital para su futuro, porque cuanto más nos ocupemos de su vida psíquica, como nos ocupamos de su desarrollo físico, más positiva será a largo plazo. La calidad de las relaciones del niño con su entorno al principio de su vida tiene repercusiones:

- psicológicas sobre la relación que tendrá con el mundo;
- físicas sobre su desarrollo corporal;
- psíquicas sobre el desarrollo de su inteligencia.

«El pequeño, fuera del cuerpo materno,
todavía no está separado de él.»
Maria Montessori, *La mente absorbente del niño*

Durante los nueve meses que el niño pasa en el vientre de su madre, vive en simbiosis con ella, después, de repente, nace. Para él, es un cambio de atmósfera. Pasa de un mundo a otro. Pasa de un medio acuático a un medio aéreo. Todas sus percepciones cambian: las de la luz, los sonidos y los contactos físicos. Todo es más directo, más intenso. En el seno materno, todo era más tamizado, como filtrado. Al nacer, el bebé tiene que abandonar una cierta pasividad; ahora, para vivir, tiene que estar activo para alimentarse y para respirar. De esto ya no se ocupa el cuerpo de su madre, ya no es «uno» con ella. Sin embargo, «el pequeño, fuera del cuerpo materno, todavía no está separado de él», escribe Maria Montessori en *La mente absorbente del niño.*[3] Necesitará años para construirse como individuo. Su identidad se modela poco a poco hasta el día en que dice: «yo», «mi», hacia la edad de 3 años. Después, se consolida de los 3 a los 6 años. El individuo se construye. El bebé, al nacer, es muy vulnerable y dependiente. Pero ya es una persona en toda regla y tiene una misión: ¡construirse! Es el actor de su propio desarrollo. Aprende sin cesar, en la interacción con los demás y con su entorno. Por medio de la experiencia sensible, desarrolla su inteligencia. Es el momento en que organiza el movimiento, el lenguaje, las sensaciones y las percepciones. Se construye como individuo, pero también como ser social, adoptando todas las características de su medio y de su tiempo.

Maria Montessori consideraba que había tres periodos embrionarios:

- el embrión físico antes del nacimiento;
- el embrión psíquico o «mental» del nacimiento a los 3 años;
- el embrión social de los 3 a los 6 años.

Para Maria Montessori, el periodo de construcción psíquica, del nacimiento a los 3 años, era el más importante para el

3. Montessori-Pierson Publishing Company, 2014.

correcto desarrollo del niño. Es el periodo de las conexiones neuronales (las sinapsis), que se forman gracias a las interacciones con el mundo exterior durante la mielinización de las células cerebrales (fenómeno que forma una vaina aislante alrededor de ciertas fibras nerviosas con una sustancia, la mielina, constituida por lípidos y proteínas). Las imágenes del mundo se imprimen en el cerebro gracias a las experiencias de los sentidos, que son como claves de lectura del entorno. Este trabajo sináptico pone las bases de la construcción de la inteligencia. Por lo tanto, es importante nutrir la mente en este momento y estimular una colaboración entre los dos hemisferios del cerebro. El hemisferio izquierdo se ocupa del lenguaje, los movimientos precisos, la lógica, las matemáticas y el análisis. El hemisferio derecho se ocupa de las expresiones de la cara, el movimiento corporal, el control de los músculos, la intuición, las imágenes, el dibujo y el canto.

Se observa que este periodo del nacimiento a los 3 años, esencial para el niño y para el adulto en el que se convertirá, es delicado de gestionar para el adulto que vive a su lado. Porque, por más que este último lo ame y le desee lo mejor, a veces tiene tendencia a encontrar difícil adaptar su forma de vida a la del recién nacido. El niño de 0 a 3 años y el adulto tienen ritmos biológicos muy diferentes. El adulto tiene tendencia a intentar adaptar el del niño al suyo para poder dormir, gestionar su tiempo como antes, etcétera. Por otra parte, las formas de comunicación del niño y el adulto también son muy distintas. El niño tiene muchas necesidades que expresa... ¡a su manera! El adulto a veces tiene dificultades para descodificarlas, incluso con la mejor voluntad del mundo. Por su parte, utiliza el lenguaje hablado para comunicarse con el niño, pero habla sin saber demasiado si se le comprende bien...

La evolución de nuestra sociedad ha alejado a los padres de sus propios padres, cuando podrían ser buenos guías. Nuestros modos de vida han vuelto menos instintivos nuestros comportamientos como padres. Sin embargo, es conveniente que los padres sigan su instinto parental. En especial, es necesario dar todo su valor al instinto materno. La intuición de la madre, si la sigue, le permite comprender las necesidades de su hijo. Lo envuelve entonces espontáneamente de un velo de protección y acompaña su desarrollo de manera natural. Cuanto más intenta descifrar el lenguaje del bebé y respetarlo, mejor es la calidad de su relación. Es cierto que la primera infancia es un periodo delicado, pero cuanto más y mejor nos dediquemos a él como padres, es decir, estemos disponibles y nos centremos en las necesidades del niño en lugar de en las nuestras, mejor transcurrirá. Cuanto más nos ocupemos del bebé, más presente estará él en la relación. Esta se vuelve fácil, fuente de alegría y de satisfacción mutua, a favor del correcto desarrollo del pequeño, a su propio ritmo. Es durante la primera infancia cuando se funda la confianza básica, garantía del equilibrio psicológico a muy largo plazo.

Las etapas del desarrollo de 0 a 3 años

Conocer de antemano la sucesión de las etapas del desarrollo entre 0 y 3 años permite acompañar mejor al niño. A escala de la vida, este periodo es el que experimenta mayor número de evoluciones. Veamos una sucinta descripción. Por supuesto, la edad del aprendizaje es muy variable según los niños, y las edades indicadas a continuación solo son referencias.

Antes del nacimiento

Se habla a menudo del nacimiento como del primer día de la vida de un ser humano. Sin embargo, si se considera que la vida empieza el día de la concepción, el primer capítulo de su historia comienza 270 días antes. Podemos consultar los numerosos libros y páginas web que describen las etapas de la vida intrauterina para seguir la evolución del bebé a lo largo de las semanas que vive en el vientre de su madre. Esto alimenta el contacto que se teje entre la madre y esta nueva persona que es su hijo. Este ser desarrolla los sentidos: el olfato (en el segundo mes), el gusto (en el tercer mes), el oído (gracias a los ruidos interiores y exteriores, en el periodo entre el segundo y el quinto mes), la vista (con la capacidad de distinguir el día de la noche en el cuarto mes) y el tacto. Por lo tanto, los cinco sentidos se ejercitan durante la vida intrauterina, en especial el del tacto, que permite entrar en contacto con el bebé durante el embarazo. A partir del cuarto mes, cuando se ejerce una suave presión sobre el vientre con una mano cargada de intención de relación, el bebé responde y se acurruca cerca de esta mano. No hay nada tan emocionante como este primer intercambio.

El niño ya es sensible a la atención que se le dedica mientras crece en el seno materno. Siente las tensiones y los momentos de bienestar que vive su madre. Está en relación permanente con ella, de manera muy fusional. Siente el afecto y el amor que se le demuestra. Ya tiene necesidad de esta atención benefactora para desarrollarse serenamente. Aunque no lo parezca, el chiquitín ya es, en el vientre materno, un ser de relación en interacción.

Sus primeras relaciones se tejen con su entorno cercano, en especial con sus padres, desde la vida intrauterina. El vínculo con la madre parece evidente, pero puede ser más o menos intenso en función de la disponibilidad de esta. Está más o menos presente para su hijo. Dado que la calidad de estas primeras relaciones condiciona el buen desarrollo del bebé, la práctica de la haptonomía puede ser una formidable oportunidad de alimentar esta relación creciente que une al niño con sus padres. La haptonomía es una ciencia de la afectividad, una práctica que consiste en entrar en relación con el bebé mediante el tacto, el contacto afectivo, psicológico y táctil. Se trata de entrar en contacto con el bebé *in utero* y de comunicarse con él de manera concreta, por medio del tacto. Esto instaura ya una relación que no dirige, sino que guía, que acompaña, que apoya. La palabra «haptonomía» procede de las palabras griegas *haptein*, que significa «tacto», incluso en el sentido afectivo, y *nomos*, que designa «la regla, la ley, la norma».

LA HAPTONOMÍA, CIENCIA DE LA AFECTIVIDAD

Este texto se ha extraído de la página web del Centro Internacional de Investigación y Desarrollo de la Haptonomía (CIRDH)

La naturaleza de la relación afectiva que se establece durante este acompañamiento (haptonómico) entre el padre, la madre y el niño favorece el desarrollo del sentimiento de parentalidad, de responsabilidad afectiva de los padres respecto a la manera de ser de su hijo. Estos descubren que pueden apoyarlo en su desarrollo físico, psíquico y afectivo, a la vez que le dan un lugar muy suyo; mucho antes del nacimiento, le permiten tomar la iniciativa en la relación. De esta manera, ya se instauran las bases de una relación educativa orientada hacia su autonomía.

[...] De esta manera, se crea una relación afectiva que da al niño, temprano antes del nacimiento, sentimientos de individualidad y de seguridad esenciales para su desarrollo.

El acompañamiento prenatal no es comparable a una técnica, a unos «gestos». Es una preparación para acoger al niño. El padre y la madre acompañan, guían y apoyan al niño durante toda su vida en el seno materno y también durante el nacimiento.

Aunque no se pueda reducir a una preparación para el parto, el acompañamiento favorece un nacimiento natural y ayuda al parto. En efecto, la haptonomía considera la totalidad de la persona. La vida afectiva —sentimientos y emociones— se manifiesta en la corporalidad animada. En especial, la sensación de bienestar y de integridad del ser se acompaña, en el aspecto corporal, de un tono muscular muy específico —firme y flexible— y de una laxitud de los ligamentos propicios para el parto. Este estado corporal no es el resultado de una técnica o de ejercicios, sino del efecto liberador de la relación afectiva que da seguridad.

El acompañamiento de la relación afectiva entre el niño y sus padres no se interrumpe en el momento del nacimiento. En efecto, vivir una ruptura del modo de relación afectiva induciría una frustración perjudicial para el bebé. Después del nacimiento, el niño debe acompañarse de manera muy específica [...].

La presencia del padre a lo largo del acompañamiento pre y posnatal es esencial en tres sentidos:

- Permite al padre ocupar sin demora su lugar en la relación triangular afectiva padre-madre-hijo. Los tres participantes se encuentran igualmente gratificados en la relación.
- El padre es el que constituye el recurso afectivo de la madre, la apoya, la acoge a lo largo de todo el embarazo y durante el parto.
- En el momento del nacimiento, desempeña un papel importante en el encuentro del niño con el mundo exterior. Si el acompañamiento no puede realizarse en presencia del padre —por imposibilidad estricta—, este debe remplazarse por una persona cercana a la madre.

Además de las personas capacitadas para practicar el acompañamiento haptonómico, existen algunos ginecólogos obstétricos y comadronas capacitados para efectuar los partos en condiciones haptoobstétricas. La lista está disponible en <http://www.haptonomie.org>.

Este enfoque fue inventado por Frans Veldman, investigador neerlandés en ciencias de la vida, después de la Segunda Guerra Mundial y se presentó en su libro *Haptonomie, science de l'affectivité.*[4] La haptonomía ofrece más que una preparación para el parto, es un enfoque que permite desarrollar el vínculo y la ternura que une al bebé con los suyos desde la vida prenatal. Los niños que han practicado la haptonomía con sus padres a menudo muestran una gran disponibilidad. Están abiertos a los demás y son favorables a las relaciones. Son curiosos y avanzan, son receptivos a todo lo que los rodea. Esto desarrolla en ellos una seguridad, una confianza y una tranquilidad de base que los hace adaptables, autónomos y serenos.

El nacimiento

Nos interesamos mucho por las madres durante el nacimiento, pero la aventura que vive el niño también es intensa, quizá más. Cambia de medio. Cambia de estado. Maria Montessori describía el nacimiento como una crisis para el bebé, es decir, un cambio brusco, porque pasa en poco tiempo de una atmósfera silenciosa a un ambiente vivo, de una actitud pasiva a la necesidad de hacer esfuerzos constantes. Hablaba de «cambio terrible» y de aventura comparable al paso de la Tierra a la Luna. Pensaba que el nacimiento era una etapa más difícil para el pequeño que para la madre y que esta

4. Presses Universitaires de France, 2007.

debía, ante todo, ponerse en el lugar de su hijo en este momento. Nuestro papel de adultos consiste en multiplicar «los cuidados hábiles», decía ella, para que el nacimiento transcurra lo mejor posible para el niño. Para ello, hay que luchar contra nuestro instinto de autoprotección, que intenta, en primer lugar, protegernos, ¡aunque, evidentemente, no se trata de olvidarlo por completo! También es importante reflexionar sobre nuestros reflejos sanitarios, porque el bebé merece ser manipulado con la mayor delicadeza y lo menos posible; tiene más necesidad de contacto y de leche que de ser pesado, auscultado y lavado. En muchos países, el bebé no recibe su primer baño en cuanto nace, y no es por casualidad. Nuestro papel es velar para que el chiquitín viva «el paso» lo más tranquilamente posible.

Si nos centramos durante el nacimiento en el pequeño y en sus necesidades, en lo que vive y en el sufrimiento que quizá experimenta, en cualquier caso en los esfuerzos que está realizando, en lugar de concentrarnos en el sufrimiento de la madre, todo adquiere otra dimensión. Además del impacto beneficioso para el niño que siente este acompañamiento psicológico, la madre se descentra de sí misma y de su dolor. Este último se atenúa. Puedo dar testimonio de ello porque lo he vivido.

Una vez nacido, el niño es muy sensible al calor de nuestra acogida. Lo ideal es no precipitarse para cortar el cordón y colocar al recién nacido piel contra piel, sobre el corazón de su madre, que lo rodea con su amor. El recién nacido tiene un reflejo de succión que dura cierto tiempo. Si se le quiere dar de mamar, lo ideal es colocarlo al pecho inmediatamente.

La suavidad de los movimientos permite atenuar el choque del cambio de estado. Se puede preparar un entorno tranquilo, con un ambiente tamizado en términos de luz y de ruido. El lugar del nacimiento puede arreglarse como un nido para prolongar el que el niño acaba de abandonar definitivamente. Se organiza un tiempo privilegiado, como una antecámara, un compartimento entre dos atmósferas, para que esta traslación sea lo más tranquila posible. Se vela para que el niño no sufra por este efecto de ruptura. El nacimiento puede vivirse como un momento privilegiado en la relación entre el niño y sus padres. La haptonomía contribuye mucho a ello. Durante el nacimiento, en lugar de pensar en respirar o en cualquier otra técnica, se está totalmente presente en la relación que ya existe con el niño, que está rodeado por la relación triangular padre-madre-hijo. La continuidad de la densidad de la relación madre-hijo durante el nacimiento es favorable para el desarrollo de esta relación. Al sentir el olor de su madre, al oír su voz y los latidos de su corazón, que reconoce entre mil, al sentir el contacto de su piel, el niño se beneficia, a pesar del cambio radical que acaba de vivir. Recupera sus referencias. El calor, la leche, el contacto… son experiencias positivas que le dan, desde los primeros momentos, confianza en el nuevo modo de vida que se le ofrece. La unidad madre-hijo, que parece evidente antes del nacimiento, debe recrearse una vez que ha nacido. La separación física da lugar, por así decirlo, a un nuevo tipo de apego, más psicológico. Este vínculo da una gran seguridad al niño.

En unas conferencias impartidas en Londres en 1946, Maria Montessori recomendaba la especialización de profesionales en la acogida de los recién nacidos, a los que hay que ayudar a adaptarse a su nuevo entorno. Aconsejaba una preparación en profundidad para acoger cada vez mejor la vida, porque lo que el bebé necesita no son únicamente cuidados médicos, sino también, y sobre todo, cuidados espirituales, aunque la higiene sea indispensable. Decía que «el nacimiento debe considerarse como un momento de importancia suprema en la vida de un ser humano».[5]

Por otra parte, nacer es la primera experiencia que el niño tiene de la separación. Cuanto mejor transcurra, mejor se vivirán las separaciones futuras que se encuentran en la vida. No se trata de determinismo. No porque un nacimiento sea difícil el niño desarrollará lo que se llama una angustia de separación. Pero esto significa que, pase lo que pase, siempre se puede intentar atenuar la rudeza de la separación, durante el nacimiento y durante los días que siguen, alejando lo menos posible al niño de su madre, para que se apoye en sus referencias (voz, latidos del corazón, olor, etcétera), que, aunque las perciba de forma diferente, siguen idénticas y lo tranquilizan.

5. Maria Montessori, *The 1946 London Lectures.*

> «El nacimiento debe considerarse como un momento de importancia suprema en la vida de un ser humano.»
> Maria Montessori, *The 1946 London Lectures*

La calidad de los cuidados y de las relaciones en estos momentos significativos alimenta la confianza en sí mismo y la confianza en la vida. ¡Intentemos inspirarnos en el hecho de que nacimiento y conocimiento son palabras de la misma familia! Conocer es nacer con.

> «Además de los cuidados y la protección aseguradas por la higiene, se deberían considerar a la madre y al niño como dos órganos de un solo cuerpo, todavía unidos vitalmente por una especie de magnetismo animal. Necesitan aislamiento durante algún tiempo y muchas atenciones desde todos los puntos de vista. [...] Una vez pasado este primer estadio, el niño se adapta fácilmente al mundo.»
> Maria Montessori, *Educar para nuevo mundo*

Testimonio personal sobre los primeros días después del nacimiento

En lo que se refiere a mí, nunca he querido confiar a mis hijos a la guardería de la maternidad para descansar. ¡Siempre me he dicho que tendré todo el resto de la vida para recuperarme! Y que la necesidad que mi chiquitín tiene de mí es mucho más importante que mi necesidad de descanso. Al principio, solo recibía a la familia cercana, los únicos privilegiados que podían entrar en la esfera mágica que se forma alrededor de un bebé y de sus padres los primeros días. Todo debía girar alrededor del bebé y de sus necesidades de sueño, leche, mimos, tranquilidad, luz suave, calor, ruidos atenuados, cuidados... ¡Les preparaba un nido mullido, me dedicaba por completo a la lactancia y a maravillarme!

En cuanto al propio nacimiento, también optaba por las opciones más naturales posibles. Otros, incluso optan por un nacimiento en casa. No ha sido mi caso, porque soy consciente de que, aunque dar a luz sea un acto natural, cuando se complica, se convierte rápidamente en un acto médico que requiere la presencia de médicos expertos. Lo experimenté durante el nacimiento de mi quinto hijo, que fue de alto riesgo tanto para él como para mí. Después de una cesárea programada, nos separaron bruscamente, porque el bebé no conseguía respirar. Incluso estuvo ingresado en reanimación durante cuatro días en otro hospital a 15 kilómetros. Lo cuidaron muy bien. Estoy agradecida a todo el personal médico que lo rodeaba. Se pusieron en marcha muchas cosas, gracias a la ayuda de los equipos y de mi familia, para que la relación bebé-madre no se interrumpiera: ¡dos veces al día, se montaban convoyes especiales de leche materna, gracias a mi marido, convertido en «Milk Man» con su moto! Pero también olores, grabaciones, fotos, murmullos, música, alientos, objetos, además de una visita diaria en ambulancia, nos permitieron «permanecer juntos» a pesar de la distancia. Tomamos la precaución de explicar al bebé lo que ocurría, exponiéndole los hechos y expresándole nuestro amor, convencidos de que comprendía todo lo que le decíamos. Siguieron seis días de hospitalización, lo cual nos permitió vernos más. Incluso podíamos empezar acurrucar al bebé en brazos. Tuve la sensación de que habíamos gestionado lo mejor posible este alejamiento forzoso y la simbiosis siguió su curso hasta que se atenuó natural y positivamente varios meses más tarde. Sean cuales sean las dificultades, se puede hacer todo lo posible para velar por el niño y por lo que siente, sobre todo en este periodo que sigue al nacimiento, porque es esencial mimar su vida psíquica, incluso –y sobre todo– si existe un problema de salud.

De 0 a 2 meses

El lactante está en simbiosis con sus padres, en especial con su madre durante las seis primeras semanas. Es el periodo durante el cual se consolida el apego. El niño depende de sus padres y de sus cuidados, y los solicita gracias a su kit de supervivencia: ¡saber llorar y saber mamar! El bebé vive de amor y de leche. La multiplicación de experiencias positivas durante este periodo asegura la buena integración entre el cuerpo y la mente del pequeño, que, por lo tanto, confía en su entorno, porque siente que el mundo puede colmar sus necesidades. ¡Esto lo hace optimista! La calidad del apego durante el periodo simbiótico prepara el camino para un desapego espontáneo y bien vivido por la madre y el niño. La doctora Silvana Quattrocchi Montanaro, que trabajaba con Maria Montessori, decía que el niño vive un nacimiento psicológico durante las seis a ocho semanas que siguen a su nacimiento físico. Explicaba también que la presencia del padre constituye una formidable barrera protectora contra la prolongación excesiva del periodo simbiótico.

Desde el punto de vista motor, el bebé todavía es poco tónico. Sin embargo, si se le coloca el dedo en la palma de la mano, tiene el reflejo de agarrarlo. Cuando tiene una semana o dos, aunque sea poco perceptible, es capaz de dirigir la mano hacia un objeto que se le presenta; es el momento en que empieza a fijar la mirada. Todavía no emite sonidos propiamente hablando, pero llora; es la única manera de comunicarse de que dispone para expresar sus necesidades. Reconoce la voz de sus allegados, en especial la de su madre. Ya reconoce la melodía de su lengua y distingue la voz humana de otros tipos de ruidos. Es muy receptivo a los estímulos sonoros, porque su oído ya ha empezado a ejercitarse antes del nacimiento. El gusto y el olfato ya están bien desarrollados y desempeñan un gran papel en sus relaciones con el entorno. El sentido del tacto es muy importante en los primeros minutos de vida y el contacto corporal es esencial. La piel del chiquitín es sensible al calor y a las caricias, en especial directamente en la piel. No hay nada como un masaje o una caricia para calmar al bebé.

La vista, en cambio, es el sentido menos desarrollado al nacer. No obstante, el bebé distingue la oscuridad de la luz desde los primeros instantes y reacciona intensamente cuando se pasa de una a otra. Pero su visión todavía es borrosa, aunque es capaz de seguir un objeto colocado delante de la cara hacia las tres semanas. Poco a poco, se vuelve capaz de seguir un objeto que se desplaza de forma horizontal. Su campo de visión es bastante restringido. No distingue nada más allá de 30 centímetros. Pero ejercita espontáneamente sus capacidades visuales buscando cosas para observar. Progresivamente, mirando, el niño ejercita su capacidad de ver y la precisión de sus percepciones visuales. En este estadio, es más fácil para él si lo que observa está inmóvil. Se siente especialmente atraído por los rostros humanos y por los objetos con contrastes importantes. Por lo tanto, hay que procurar mirarlo a menudo a los ojos y ofrecerle en este momento imágenes refinadas y contrastadas con blanco y negro.

Los sentidos del bebé están, pues, despiertos y son receptivos desde los primeros días, y lo mismo ocurre con su vida psíquica. Por otra parte, existe una interdependencia permanente entre sus experiencias sensoriales y su desarrollo psíquico, puesto que, al tener experiencias, se desarrollan sus conexiones neuronales, las sinapsis. El cerebro del recién nacido posee 100.000 millones de células, que se conectarán unas a otras bajo la influencia de los estímulos del entorno. Con frecuencia, se cree que el bebé es demasiado pequeño para concentrarse, pero, en realidad, ya es capaz de centrar la atención. Duerme entre dieciocho y veinte horas al día. Durante el sueño, selecciona y organiza todas las percepciones que ha acumulado cuando estaba despierto. Por eso, necesita dormir mucho y no hay que interrumpir su sueño, en la medida de lo posible. Debido a que duerme mucho al principio de su vida, tiene poco tiempo para entrar en relación con sus familiares. Por lo tanto, hay que aprovechar las horas que está despierto, cuando está disponible y receptivo, para comunicarse adecuadamente con él. Cuanto más presentes y disponibles estemos, más fuerte será el apego. Esto contribuye al desarrollo del bebé, que multiplica los contactos y las experiencias positivas. También le da confianza en la vida y desarrolla su seguridad básica.

De 3 a 4 meses

El bebé endereza poco a poco la cabeza y pronto es capaz de sostenerla. Se ejercita en rodar de lado. Se descubre las manos y las observa con atención. Sigue teniendo el reflejo de agarrar lo que se le coloca en las manos. Su visión mejora, su campo de visión se amplía y se profundiza. Ahora es capaz de seguir un objeto con la mirada, aunque se desplace en todos los planos. Se interesa cada vez más por lo que lo rodea y sostiene la mirada. Gira la cabeza cuando los ruidos lo estimulan e intenta identificar los sonidos más familiares. Le encanta observar los rostros y escruta los labios de los que le hablan. Es un periodo importante en el desarrollo del lenguaje. A su vez, intenta instintivamente producir sonidos y empieza a realizar vocalizaciones. Intenta hacerse comprender mediante pequeños gritos y gorjeos. Los bebés del mundo entero hacen el mismo tipo de pequeños sonidos en este estadio del desarrollo.

El apego que siente por sus allegados es profundo y le confiere una gran alegría, que le permite sentirse seguro. Es muy dependiente de la relación con sus allegados.

De 5 a 6 meses

El bebé empieza a mantenerse sentado con apoyo, pero no hay que incitarlo demasiado a hacerlo si no es iniciativa suya, para seguir sus etapas naturales de desarrollo. Es capaz de cambiar de posición rodando para pasar de la posición sobre la espalda a la postura sobre el vientre. Le gusta levantarse sobre los antebrazos, bien firme para observar y absorber con la mirada el mundo que lo rodea. Es posible que incluso empiece a gatear y desplazarse. Le gusta explorar lo que lo rodea y multiplica las experiencias, puesto que ahora es capaz de apoderarse de un objeto y llevárselo a la boca. Es el inicio de la prensión voluntaria. Consigue progresivamente soltar el objeto que atrapa. Realiza cada vez más movimientos intencionales. Mordisquea para explorar, pero también para preparar y aliviar las encías, porque los primeros dientes a menudo aparecen en este momento.

La visión del bebé mejora y empieza a distinguir los matices de los colores. Observa y desarrolla una lógica de deducción, así como cierta capacidad de abstracción. Es capaz de asociar sonidos a imágenes. Le gusta jugar con todo lo que le permite comprender la relación de causa-efecto, es decir, actuar y comprender que su acción tiene consecuencias. Como cuando provoca un sonido tocando un juguete. Numerosas actividades descritas en este libro le permiten jugar a integrar estos conceptos (cf. p. 175).

Su lenguaje se desarrolla también y empieza a balbucear. Los sonidos que pronuncia ahora, contrariamente a los que emitía entre los 3 y los 4 meses, son diferentes según su lengua materna, porque se ven influenciados por lo que oye en su entorno. El bebé sigue muy pendiente de los intercambios y empieza a tomar conciencia de su apego por sus allegados. Esto lo hace poco a poco capaz de adquirir cierta forma de independencia. La adquiere también en el marco de la alimentación, puesto que los ácidos del estómago y la aparición de los dientes ahora le permiten diversificar la comida.

De 7 a 10 meses

El bebé se mantiene sentado solo y empieza a desplazarse, a cuatro patas la mayoría de las veces o de otras maneras en ocasiones divertidas, por ejemplo, saltando sobre las nalgas. En cualquier caso, se siente atraído por objetos y situaciones hacia las que se dirige a su manera. Explora permanentemente su entorno y quiere tocarlo todo. ¡Su coordinación motora se desarrolla gracias al aumento de su perímetro de exploración! Su capacidad de prensión se vuelve mucho más precisa, puesto que es capaz de utilizar los dedos en pinza. Ahora consigue soltar bien los objetos y pasarlos voluntariamente de una mano a otra. Se divierte también tirándolos. Siempre se los lleva a la boca y prepara así la salida de nuevos incisivos. Después, intenta levantarse y se entrena en mantenerse de pie. A menudo, juega con los pies. Su visión se ha vuelto tan eficaz como la de los adultos y desempeña un papel primordial en su desarrollo, porque el ojo es ahora el órgano de percepción más importante y más utilizado por el bebé. Ya distingue perfectamente los matices de colores y le gusta comparar las formas. Le encanta observar los detalles y esto desarrolla su agudeza visual. Toma conciencia de su propio cuerpo y empieza a orientarse en el espacio. Tiene cada vez más referencias.

Empieza a señalar con el dedo, lo cual es una etapa importante del desarrollo del lenguaje, porque de esta manera intenta iniciar un diálogo con la persona a la que muestra alguna cosa. Quiere que se le diga el nombre y se le acerquen los objetos que señala.

Es también el método mediante el cual el niño desarrolla su capacidad de comprender la «permanencia del objeto», es decir, el hecho de que el objeto sigue existiendo, incluso cuando ya no lo ve. En bebé ha creído durante mucho tiempo que lo que no veía había desaparecido y, por lo tanto, dejaba de existir, pero ahora empieza a comprender que no es así. Es un estadio durante el cual le gusta ejercitarse en buscar y encontrar objetos, en constatar la alternancia de la presencia y la ausencia, le encanta la sucesión de apariciones y desapariciones. Es el momento de jugar al escondite, en especial ocultándose la cara con las manos, ¡una gran fuente de alegría! Se describen juegos sobre la permanencia del objeto en la p. 179.

También en este periodo, en relación con lo anterior, el bebé empieza a establecer la diferencia entre las personas que conoce bien y los nuevos rostros. A veces, está un poco inquieto ante las personas desconocidas. Muestra una reserva que algunos toman por miedo, pero es más bien una prudencia que surge del hecho de que el bebé se da progresivamente cuenta de que es una persona distinta de sus allegados. Toma conciencia de su individualidad. Si la necesidad de sentirse seguro cuando conoce a una persona nueva no se tiene en cuenta en este estadio, puede desarrollar una cierta ansiedad. Por lo tanto, es importante no apremiarlo en este momento ni imponerle estar en los brazos de personas que no le resultan familiares. ¡El niño pequeño no es un peluche que se puede coger sin avisarlo o sin que esté de acuerdo! Es una persona y aspira a ser tenida en cuenta. Lo que menos le gusta es que lo «cojan» por sorpresa sin que ni siquiera se haya establecido un contacto visual. Es muy normal. Si se le da tiempo para conocer, todo transcurre de la mejor manera, porque el bebé se siente respetado. Este miedo a las caras nuevas es más bien un signo positivo, porque indica que el niño está tomando conciencia de sí mismo. También es el momento en que le gusta mucho reconocerse en el espejo. Se apega a algunos de sus juguetes, que reconoce y que lo tranquilizan.

En cuanto al lenguaje, empieza a pronunciar sílabas del tipo «ma», «pa», «da», «ba»... Después siguen sílabas como «mamama» o «papapa». Incluso comienza a asociar gestos a sus balbuceos.

De 11 a 13 meses

Con frecuencia alrededor del primer cumpleaños se asiste, como un espectáculo, a los primeros pasos. ¡Qué remate! Es la edad más frecuente de aprendizaje de la marcha, pero algunos niños caminan más temprano y otros se toman tranquilamente su tiempo, hasta la edad de 18 o 20 meses. No hay que preocuparse por ello: ¡cada uno a su ritmo! Lo que cuenta es que el aprendizaje de la marcha tenga lugar en el momento adecuado para el niño. A menudo, utiliza un objeto colocado delante de él para ayudarse a caminar o anda a lo largo de los muebles. Cuando camina mejor, se suelta, ¡y entonces es tan feliz y curioso como el explorador de un nuevo mundo! Su universo se extiende y empieza a ejercer cierto poder sobre lo que lo rodea, porque es cada vez más hábil con las manos. Continúa señalando con el dedo lo que le interesa y pide cada vez más objetos para explorar. Le gusta mucho comunicarse y algunos niños pronuncian sus primeras palabras en este periodo. El bebé empieza también a manifestar algunos rechazos. Su personalidad se dibuja poco a poco. Multiplica sus experiencias sensoriales y, en especial, empieza a tener el sentido del espacio «en relieve»: cuando pone la mano en una caja, por ejemplo, o en una bolsa, capta la profundidad. Empieza a apilar cajas y objetos, es el inicio de los juegos de construcción. Su cerebro se desarrolla; el cráneo, que hasta entonces todavía no estaba cerrado, ahora lo está.

De 13 a 18 meses

La marcha es cada vez más estable, ¡y he aquí que el pequeño es capaz de tirar de un objeto detrás de él! Alegrías y hazañas se conjugan. Las escaleras pronto carecen de secretos para él e intenta subirse a todas partes. El niño de esta edad colecciona los retos. Su motricidad global se construye activamente. Lo mismo ocurre con su motricidad fina: su destreza se desarrolla gracias a la prensión, que se vuelve más delicada. Coordina las acciones de las dos manos. Sus movimientos son más precisos, tanto si se trata de manipular una cuchara como una pelota. El niño es ahora capaz de hacer muchas cosas gracias a sus entrenamientos permanentes y entusiastas. Quiere crecer en autonomía y a menudo lo expresa cuando se le impide hacerlo. Empieza a marcar su oposición y a afirmar su identidad. Le gusta jugar solo y da muestras de una gran concentración cuando centra la atención en una actividad. Le gusta mucho encajar, hacer, deshacer, rehacer... La repetición de la actividad es lo que le encanta. También le gusta esconderse.

Su lenguaje se desarrolla, asimila cada vez más palabras nuevas. Le gusta asociar cada objeto a la palabra que le corresponde. También se siente muy atraído por los libros. Realmente parece comprender todo lo que se le dice. Responde e inicia conversaciones, incluso empieza a construir pequeñas frases.

De 18 meses a 2 años

¡El pequeño ya no es tan pequeño! Su confianza en sí mismo se consolida en numerosas actividades, siempre explorando su entorno gracias a la multiplicación de experiencias y de percepciones sensoriales. ¡Salta, baila, incluso corre! Sus movimientos se perfeccionan. También pule la motricidad fina y la coordinación ojo/mano. Ya es capaz de pasar las páginas de un libro de papel con gran cuidado, de dibujar y de hacer construcciones. Observa a las personas que lo rodean e intenta imitarlas con un inmenso placer, tanto en el ámbito de las acciones de la vida cotidiana como en el ámbito del lenguaje. Gracias a esto, su autonomía crece y su vocabulario se enriquece. Empieza a utilizar verbos y construye progresivamente las frases. Le gusta participar y manifiesta ganas de ayudar. Le gusta la vida cotidiana y las tareas domésticas. Quiere «hacer como». Necesita realizar grandes esfuerzos, lo que Maria Montessori llamaba los «esfuerzos máximos»: retos que el niño se pone para coordinar el equilibrio y el uso de la fuerza. Le gusta comer solo. Empieza a comprender las reglas y a distinguir lo que tiene derecho a hacer y lo que no tiene que hacer. Su personalidad se desarrolla y su temperamento se afianza. Incluso atraviesa una fase de oposición y exclama «¡no!» con energía cuando no está de acuerdo. De esta manera, desarrolla la autoafirmación.

De 2 a 3 años

El niño de 2 años controla sus movimientos y se vuelve cada vez más ágil. Se ejercita en saltar con los dos pies, con un pie, en golpear una pelota... Construye su autonomía y toma cada vez más iniciativas. Necesita caminar mucho. En este sentido, lo ideal es abandonar el cochecito lo antes posible. Conviene favorecer la marcha y adaptarse a su ritmo.

Maria Montessori escribía: «Si se da un paseo con el niño [...] el secreto está en caminar nosotros con el niño y no que el niño camine con nosotros».[6] Hay que ayudarlo también a ser independiente haciéndolo participar en su higiene, sus cuidados, las labores domésticas, la cocina... Le gusta comprender, observar e imitar. Le gusta crecer y realizar nuevos aprendizajes motores.

En cuanto al lenguaje, el niño habla cada vez con mayor claridad y enriquece su vocabulario todos los días. Le gusta decir el nombre de los objetos que conoce, repetir todo lo que oye y consultar a su entorno para absorber nuevas palabras. Construye cada vez mejor las frases. Le gusta conversar, intercambiar, escuchar e incluso cantar. Comprende las reglas de socialización y distingue bien lo que está permitido de lo que está prohibido. Las reglas se vuelven más claras.

La consolidación de su identidad pasa por una fase de oposición. Puede decir «¡no!» a voz en grito, sin maldad, solo para afirmarse. A veces es sorprendente, e incluso molesto, pero conviene saber que es una fase necesaria en la construcción de sí mismo. Esta etapa es más tranquila si el niño se ha sentido siempre bien considerado.

Por otra parte, el niño de esta edad habla de sus allegados, incluso en su ausencia. Generalmente, habla de sí mismo en tercera persona, ¡hasta el día en que, generalmente hacia los 3 años, pero a veces mucho antes, pronuncia la palabra

6. Maria Montessori, *Education for Independance, The 1946 London Lectures*, Montessori-Pierson Publishing Company, 2012.

«yo» y habla de él en primera persona! Es la señal de que ha tomado conciencia de existir como individuo. Se inicia una nueva era para él. Entre los 0 y los 3 años, el niño nos dice: «Enséñame a ser yo mismo», «Ayúdame a tomar conciencia de que existo». Más tarde, entre los 3 y los 6 años, pide: «Ayúdame a hacerlo solo».[7]

Conocer de antemano la sucesión de las etapas que atraviesa cada niño entre los 0 y los 3 años permite acechar, observar y reconocer las etapas que conducen al niño hacia la conciencia de sí mismo y la autonomía, gracias a su mente absorbente y a los periodos sensibles por los que pasa.

La mente absorbente

La mente del niño absorbe natural y progresivamente todo lo que lo rodea. Según Maria Montessori, es la principal característica del niño. Mientras que la mente del adulto elabora reflexiones de manera consciente y progresiva, la del niño absorbe de manera inconsciente e instantánea. Maria Montessori comparaba la inconsciencia del niño con la cámara oscura en la que se revelan las impresiones fotográficas. Pasa allí algo misterioso que hace surgir y fija de manera permanente lo que se ha absorbido de manera impercepti-

7. Cf. *Apprends-moi à faire seul, la pédagogie Montessori expliquée aux parents*, Eyrolles, 2011 (Hay trad. en cast.: *Montessori explicado a los padres*, Barcelona: Plataforma, 2017).

ble. Por oposición, comparaba la mente fotográfica del niño con la del adulto, que fija con esfuerzo, por toques sucesivos, como lo haría un pintor, en un taller luminoso, es decir, conscientemente.

La mente absorbente es una forma de mente específica del niño que le permite absorber el medio en el que vive. Es una expresión consagrada: «Los niños son como esponjas». Absorben todo lo que les ofrece su entorno y se realizan mediante la interacción con este. El niño vive experiencias que suscitan en él impresiones y sensaciones que clasificará y organizará en percepciones. Las experiencias son el fundamento de la maduración psíquica. Se trata de una interacción permanente entre la vida física (la experiencia del cuerpo) y la vida psíquica (el trabajo de la mente). Es lo que Maria Montessori llamó la «mente absorbente», un estado mental que permite al niño asimilar sus experiencias y construirse al integrarlas. El niño primero asimila y después analiza. Este estado mental absorbente es inconsciente desde el nacimiento hasta los 3 años. Se vuelve progresivamente consciente entre los 3 y los 6 años. Estas convicciones que tenía Maria Montessori han sido demostradas después por científicos y por investigadores en neurociencias. Se sabe que la «sinaptogénesis», es decir, la conexión de las células neuronales entre sí mediante sinapsis, alcanza su punto culminante en el cerebro humano entre el primer y el tercer año de vida. El cerebro funciona entonces como un aspirador que lo capta todo. Esta sinaptogénesis disminuye después, sobre todo tras la pubertad y, cuanto más crece el niño, más conexiones neuronales inútiles elimina para «dejar lugar» a las que son más utilizadas. Se puede decir que aprender es eliminar capacidades superfluas para desarrollar capacidades más útiles. El niño se construye, pues, en función de lo que su entorno le ofrece y le niega.

Esta capacidad que tiene el niño de integrar, por mimetismo, las características de su medio le permiten, por una parte, construirse con su propia personalidad y, por otra parte, convertirse en «un ser humano de su tiempo», adaptado a su cultura y a su época. La mente absorbente permite al pequeño ser humano construir su identidad personal, así como una identidad social adaptada a la del lugar en el que crece. Absorbe la lengua, las costumbres, las prácticas y los valores de las personas con las que está en contacto. Esto le permite desarrollar una sensación de pertenencia a un grupo social, lo cual le da una gran sensación de seguridad y, por lo tanto, de confianza en sí mismo.

> «En los primeros años de su vida el niño prepara, gracias a su mente absorbente, todas las características del individuo, aunque sea de manera inconsciente. Además, a esta edad, recibe la ayuda educativa gracias al medio. Esta es, pues, la edad en la que el ser humano trabaja sin fatiga y asimila el conocimiento como un alimento vivificante.»
>
> Maria Montessori, *Pedagogía científica*[8]

8. Tomo 1, *La Casa de los Niños*, Biblioteca Nueva, 2004.

LA PLASTICIDAD CEREBRAL

Céline Alvarez, extraído del blog «La maternelle des enfants»

Veamos cómo se desarrolla el cerebro. El ser humano que acaba de nacer empieza por almacenar la información del mundo exterior por medio de los sentidos. Cada imagen, cada interacción, cada suceso se fija en las fibras de su cerebro y conecta neuronas. Estas conexiones de neuronas empiezan en el vientre de la madre y después aumentan de manera extremadamente rápida desde el nacimiento. Se crean de 700 a 1.000 nuevas conexiones por segundo durante los cinco primeros años de vida. [...]

Cuando toca, atrapa, nos llama, nos estudia y observa el mundo con intensidad, el cerebro del niño pequeño se construye; es esencial que nosotros, los adultos, no entorpezcamos sistemáticamente esta necesidad de constructor frenándolo para nuestra comodidad [...]: «No toques esto», «Quédate aquí», «Siéntate», «Espérame», «Cállate», etcétera. Cuando hacemos esto, no ponemos obstáculos al niño, sino a la inteligencia que se está construyendo. Por lo tanto, debemos permitir que la inteligencia explore y realice miles de millones de conexiones. [...]

El cerebro humano se estructura con su entorno. Imaginemos cuáles serían las consecuencias de un entorno poco nutricio o violento durante este periodo... Tendría consecuencias dramáticas [...] porque el cerebro se estructura a partir de lo que recibe. [...] Una carencia durante este periodo estropearía los potenciales; porque, de la misma manera que unos cimientos frágiles comprometen la estabilidad de una casa, unos circuitos neuronales débiles creados por el bebé alteran la estructura cerebral del adulto en el que se convertirá [...].

La etapa de la selección

[...] Crecer es pasar de 1.000 billones de sinapsis a 300 billones. Las conexiones menos utilizadas, que codifican las experiencias menos repetidas, se debilitarán progresivamente y serán eliminadas. A la inversa, las conexiones utilizadas a menudo y que codifican las experiencias vividas con mayor frecuencia por el niño se reforzarán. Esto se llama la poda sináptica. Pero, atención, en sus cortes sinápticos, el cerebro no tiene en cuenta la calidad de lo que suprime; selecciona en función de la frecuencia. Si un niño ha estado expuesto más a menudo a un vocabulario muy familiar, aunque de vez en cuando haya podido oír a personas que se expresan con un lenguaje más elevado, su cerebro reforzará la marca de las palabras que oye más a menudo.

Crecer es, pues, perder dos tercios de posibilidades y reforzar el tercio más utilizado. [...] Crecer es especializarse. El adulto no es menos inteligente, está especializado: especializado en su lengua, en su cultura, en su pensamiento, en sus comportamientos sociales, etcétera. Vivir con el niño es participar en su especialización. Nuestra manera de hablar, de reaccionar, lo que hacemos con él o delante de él participará literalmente en el cableado de su cerebro.

0-2 años: periodo crítico

- Así pues, al año, el cerebro ya ha efectuado cortes radicales.
- Un año más tarde, a los 2 años, ha sentado las bases de su estructura cerebral. Lo ha hecho a partir de las experiencias más frecuentes, tanto si son positivas como negativas.

- Estas estructuras fundamentales son después cada vez más difíciles de remodelar. [...]

Es, pues, primordial dirigir una atención especial a este periodo crítico, es decir, antes de que el cerebro del niño esté demasiado especializado.

¿Qué es concretamente la plasticidad cerebral?

Es un proceso continuo y dinámico de creación, reforzamiento y eliminación de conexiones sinápticas. Este proceso empieza antes del nacimiento y continúa con mucha fuerza los primeros años de la vida, durante los cuales sienta las bases de la estructura cerebral. La plasticidad disminuye progresivamente, con un descenso muy claro en la pubertad. Pero también continúa en la edad adulta. [...]

¿Qué conviene recordar?

- Tenemos un funcionamiento cerebral excepcional, pero, por más potente que sea este mecanismo plástico, está condicionado por el entorno exterior.
- El primer periodo de la vida es pues, en este sentido, a la vez un periodo de gran oportunidad y de gran vulnerabilidad.
- Cada experiencia cuenta: positiva o negativa. Ante esto, emerge un imperativo social: nosotros, los adultos, tenemos la responsabilidad de proporcionar al ser humano que acaba de nacer las condiciones que le ofrezcan lo mejor y le eviten lo peor.

Los periodos sensibles

La mente absorbente se guía por los instintos, que Maria Montessori llama «periodos sensibles». Se trata de predisposiciones interiores que empujan al niño a centrarse en un aspecto de su entorno que en ese momento es necesario para su desarrollo y que corresponde a una etapa de su crecimiento. Maria Montessori comparaba estos instintos con unas luces que irradian desde el interior del niño para iluminar lo que necesita. El niño realiza, pues, elecciones en su entorno en función de lo que necesita para aprender. Es muy sensible a ciertas actividades e insensible a otras. Una vez que ha elegido una, se concentra con atención y aprende de forma natural, con placer, sin esfuerzo.

El niño elige espontáneamente en su entorno lo que, en el estadio en el que se encuentra de su desarrollo, le permite continuar construyéndose mentalmente. Los objetos exteriores elegidos dejan en él una huella sensorial que alimenta su vida psíquica y lo incita a establecer relaciones en las que su inteligencia se apoya. Por ejemplo, cuando el niño está en pleno periodo sensible del movimiento, se siente atraído por todo lo que lo invita a coordinar sus movimientos.

> «La base alrededor de la cual actúan interiormente los periodos sensibles es la razón.»
>
> Maria Montessori, *El niño*

Los periodos sensibles tienen duraciones e intensidades variables. Se superponen. Algunos empiezan en la vida intrauterina. Los principales periodos sensibles, descritos por Maria Montessori, son seis:

- el periodo sensible del orden (de 0 a 6 años);
- el periodo sensible del movimiento (de 0 a 5-6 años);
- el periodo sensible del lenguaje (de 0 a 7 años);
- el periodo sensible de las sensaciones (de 0 a 6 años);
- el periodo sensible de los objetos pequeños (de 1 a 6-7 años);
- el periodo sensible de la vida social (desde la vida intrauterina, con un pico hacia los 6 años).

Los periodos sensibles son transitorios, cesan cuando se han adquirido las competencias a las que sirven. Una vez que la necesidad de aprender del niño se ha saciado y que la competencia instintivamente buscada se ha adquirido, se siente atraído hacia otra cosa.

El término de «periodo sensible» lo tomó Maria Montessori de un biólogo neerlandés, Hugo de Vries, que lo descubrió en 1902. Observando orugas, constató que se sentían atraídas por la luz al principio de su vida. Cuando nacen al pie de los árboles, se dirigen hacia el extremo de las ramas, donde crecen las tiernas hojas verdes que contienen los elementos nutritivos necesarios para su supervivencia. Unos días más tarde, ya no se sienten atraídas por la luz y ya no necesitan la misma alimentación. Descienden a lo largo de las ramas, porque la luz que antes las había atraído ahora les molesta. Estos instintos sucesivos corresponden a diferentes periodos sensibles que les permiten encontrar en su entorno los elementos necesarios para su correcto crecimiento. Cuando estos elementos ya no son necesarios, el instinto cesa. Otro ejemplo es el de las pequeñas tortugas marinas, que nacen en la arena y responden, desde los primeros instantes de su vida, a un impulso irresistible que las atrae hacia el mar. Necesitaban el calor de la arena para eclosionar y, en cuanto nacen, necesitan imperiosamente el agua para vivir. Si algo les impide responder a este instinto, mueren.

El periodo sensible es una llamada vital y, por consiguiente, irresistible. Maria Montessori pensaba que el niño experimenta un dolor psíquico intenso cuando no puede responder a esta llamada. Este sufrimiento, cuyo origen es la mayoría de las veces inconsciente, puede generar reacciones violentas de cólera o de tristeza y malestar. Maria Montessori pensaba que este sufrimiento explica la mayoría de las famosas «rabietas», que ocultan en realidad la expresión de una frustración intelectual muy grande. Es bueno ser consciente de esto para discernir mejor las reacciones de los niños. Imaginemos a un niño concentrado en una actividad que lo atrae y lo apasiona, y que a nosotros nos parece poco importante. Si lo interrumpimos y, peor aún, si le impedimos que termine esa actividad, ponemos un obstáculo a este impulso vital, evitamos un trabajo psíquico real. El niño puede entonces encolerizarse, incluso sin darse cuenta de hasta qué punto era importante la actividad que realizaba. No forzosamente es capaz de verbalizar su frustración, sobre todo si todavía no habla, así que patalea... La actividad de un niño, que nos parece un detalle sin ningún interés, para él puede ser de la mayor importancia.

Maria Montessori pensaba que el adulto debe procurar no poner obstáculos al niño cuando responde a un impulso vital de construcción interior. Cuando el impulso de desarrollo de un niño se frustra con demasiada frecuencia, el pequeño se desarrolla con menos facilidad.

> «Si el niño no ha podido obedecer a las directrices de su periodo sensible, se ha perdido la ocasión de una conquista natural, se ha perdido para siempre.»
>
> Maria Montessori, *El niño*

Cuando un periodo sensible cesa, pero la adquisición para la que servía no se ha adquirido, el aprendizaje puede ser mucho más laborioso y a veces incluso muy difícil.

También existen casos en los que, desgraciadamente, uno o varios aspectos del entorno necesarios para el correcto desarrollo del niño no son accesibles para él durante demasiado tiempo. Esto puede tener repercusiones dramáticas, como muestra el siguiente testimonio sobre Diego.

En cambio, un niño cuyas necesidades de descubrimiento se satisfacen está colmado. Respira buen humor, porque aprender lo hace feliz. En efecto, los niños tienen una sed natural de aprender, incansablemente. Se sienten atraídos por la novedad, como aventureros. Están naturalmente motivados para explorar, descubrir la vida, probar, experimentar, ensayar y volver a ensayar... Esto los vuelve entusiastas. Son incansables, desbordan energía para aprender con alegría. Seguramente, la motivación no siempre estará presente de la misma manera si se le impone una actividad, porque no se tratará forzosamente de una respuesta a un impulso vital.

Aprender durante un periodo sensible cae por su propio peso; aprender lo mismo cuando este periodo ha pasado es más difícil... Por ejemplo, si se constata con qué facilidad un niño aprende una segunda lengua cuando se expone a ella durante el periodo sensible del lenguaje (de 0 a 7 años), se comprende hasta qué punto el proceso es diferente del de un adulto que, laboriosamente, inicia el aprendizaje de una lengua extranjera. En el primer caso, se trata de una adquisición espontánea, en el otro, de un trabajo en el que interviene el razonamiento. Lo mismo ocurre con la adquisición de las competencias de lectura y escritura. Algunos niños están listos temprano, mucho antes de entrar en el curso preparatorio. Así pues, no hay que dejar pasar el tren, porque será más difícil para ellos más tarde; ya no responderán a un deseo. Debemos preservar el deseo de aprender. Es un tesoro, busquemos el momento oportuno y hagamos lo posible cuando está presente; ¡seamos pacientes cuando todavía no se presenta! Lo mismo ocurre con el aprendizaje de la marcha, de la utilización del orinal... Paciencia... ¡y presencia! Maria Montessori insistía en el hecho de que el gozo de aprender, dirigido por el deseo y el placer de descubrir, es indispensable para la construcción de la inteligencia, como la respiración lo es para la vida.

El niño se construye con lo que le ofrecemos, pero sin lo que le negamos. De ahí la importancia de proponerle un medio adaptado a sus necesidades. El entorno debe proporcionarle lo que necesita en el momento adecuado. Las estimulaciones favorables para un periodo sensible deben ofrecerse en las cantidades correctas, ni demasiado ni demasiado poco. También debemos intentar no estimular en exceso, porque esto puede desbordar al niño. ¡Una esponja no puede absorber toda el agua de la bañera! Maria Montessori estaba convencida de que todos los niños tienen un potencial excepcional, pero que solo se desarrolla al máximo si la estimulación necesaria se le ofrece en el momento adecuado, en la cantidad correcta y de buena calidad. Por eso, es importante conocer los principales periodos sensibles, a fin de reconocerlos cuando los niños los atraviesen y poder acompañarlos mejor en su impulso.

TESTIMONIO PERSONAL SOBRE DIEGO, CUYOS PERIODOS SENSIBLES NO SE TUVIERON EN CUENTA

He vivido más de un año en Brasil, trabajando para una asociación humanitaria. Mi marido y yo vivíamos con un niño de 10 años, Diego, que nos habían confiado. Había sufrido una parálisis cerebral al nacer y había padecido las consecuencias de una ausencia total de estimulaciones cuando era un bebé.

Lo habían abandonado a los 4 meses en un hospital, que unos años más tarde lo había trasladado a un orfanato, donde vivió abandonado entre los abandonados. Permaneció diez años en la misma cama de barrotes, de la que salía en pocas ocasiones, para el baño y las comidas. Estos cuidados, debido a la falta de medios y de disponibilidad del personal del orfanato, se le prodigaban sin delicadeza ni atención especial.

Al verse privado de las estimulaciones y del ambiente indispensables para su correcto desarrollo, Diego nunca aprendió a caminar, a hablar o a ir al baño. En cierto sentido, aunque vivía entre los seres humanos, lo privaron de las relaciones humanas y, por lo tanto, se parecía un poco al niño salvaje de Aveyron del que se ocupó el doctor Itard en el siglo XVIII... La ausencia de estimulaciones había sido demasiado larga, por lo que Diego nunca pudo adquirir las características de su especie: el habla, el movimiento coherente y el sentido social.

Diego descubrió las relaciones sociales en nuestra compañía, pero nunca pudo aprender a hablar ni a controlar los movimientos: no camina, no se mantiene en pie y no se alimenta. En cierto sentido, sigue teniendo, en estos aspectos, la edad a la que fue abandonado. Su motricidad y su lenguaje son los de un bebé de 6 meses.

Hemos tenido regularmente noticias suyas y volvimos a Brasil diez años más tarde para verlo; vivía tranquilamente, pero seguía siendo totalmente dependiente. Diego debió de experimentar un sufrimiento psicológico intenso cuando era un bebé, un pequeño ser de relación privado de relación, como en prisión detrás de los barrotes de la misma cama durante diez años...

Un periodo sensible pasado no se recupera

Por desgracia, este ejemplo es extremo, pero muestra claramente que un periodo sensible pasado no se «recupera». En menor medida, pude ocurrir que los niños tengan «necesidades» de estimulación para construirse y que, porque no nos damos cuenta o debido a que no nos viene bien, no las satisfaga. A veces, incluso con la mejor voluntad del mundo. Si esto se repite, las consecuencias son deplorables.

El periodo sensible del orden

Algunos dudarán...: «¿Mi hijo, sensible al orden? ¡De ninguna manera, es muy desordenado!». Puede ser, pero atraviesa, o atravesó entre los 0 y los 6 años, un periodo durante el cual tiene, o tuvo, necesidad de orden. Esta necesidad es fundamental. El orden es lo que permite al niño tener una seguridad de base. El orden exterior le permite construirse un orden interior y organizar el torbellino de percepciones que colecciona a través de sus experiencias. Este periodo sensible condiciona el conjunto de la vida psíquica del niño, le permite forjarse una columna vertebral psíquica (y, por lo tanto, física) y sentirse seguro.

No se trata de ser maniático, sino de ser constante en la manera de dirigirse a un niño. Este último tiene necesidad de lo «mismo», es decir, de rutina, referencias (en el tiempo, en el espacio, en la manera de ocuparse de él durante las comidas, al acostarlo, al lavarlo, al transportarlo, etcétera).

No se trata de fijarlo todo, la vida sigue su curso con sus imprevistos y su espontaneidad, pero la actitud general que se tiene con el niño puede ser constante, regular.

La idea es contener al niño en un ambiente que él reconozca. Esto le permite, en un primer tiempo, distinguirse de su madre, de la que se considera indiferenciado al principio de su vida, porque la vida intrauterina los mantenía fusionados.

Hacia los 8 meses, después de un largo recorrido, el niño descubre la permanencia del objeto. Se hace consciente del hecho de que algo que deja de ver continúa existiendo y es distinto de él. El orden lo ayuda a superar esta etapa.

El niño vive una multitud de experiencias. La regularidad de sus percepciones lo ayuda a seleccionarlas y a organizarlas. Las referencias le permiten enraizarse en la realidad: el mismo objeto en el mismo lugar, la misma voz, el mismo perfume, la misma atención. Un entorno sensorial estable favorece el buen desarrollo psíquico del niño. Se desarrolla tranquila y serenamente.

Más tarde, el orden que reina (o no) en su entorno favorece (o no) su toma de referencias y, por lo tanto, su sensación de seguridad, así como su sensación de confianza en sí mismo y en la vida.

El periodo sensible del movimiento

«El niño se construye en el movimiento.» Esto parece a menudo asombroso para los adultos, pero ¡es indispensable! ¡El movimiento es la vida! Debe ser libre.

La particularidad del chiquitín es no poder realizar movimientos coordinados y voluntarios al nacer, contrariamente a la mayoría de los animales, que son autónomos más rápidamente. En efecto, el ser humano es el único que se desplaza de pie. Es un movimiento más complejo que, por lo tanto, se adquiere de manera más progresiva, pero que le ofrece la posibilidad de utilizar las manos, valiosas herramientas de la inteligencia. La mielinización de las células del cerebro es muy activa durante los dos años que siguen al nacimiento. Durante este periodo es cuando el bebé aprende a caminar y después a correr, pasando por una sucesión de etapas que van de la parte superior a la inferior del cuerpo: sujeción de la cabeza, posición sentada y posición de pie. Una vez que es capaz de caminar, el pequeño parte, como Cristóbal Colón, ¡a la conquista de un nuevo continente! A partir de entonces, ya no es la vida psíquica lo que está al servicio del movimiento, sino este último el que se utiliza para la construcción mental, permitiendo la multiplicación de experiencias.

Las estimulaciones son necesarias para el correcto desarrollo del movimiento coordinado, el «movimiento inteligente», como decía Maria Montessori, es decir, el que tiene un objetivo. El ejemplo de Diego (cf. pp. 69-70) nos muestra hasta qué punto es importante estar expuesto a la relación para coordinar los movimientos. Este niño, que nunca salió de su cama de barrotes de los 4 meses a los 10 años, no aprendió a caminar y todavía no lo consigue, a pesar de haberse ejercitado durante más de 12 años. Apenas se mantiene en pie. Un músculo no estimulado no se desarrolla, una articulación que no trabaja se suelda... Existe una interacción permanente entre la construcción del movimiento y la de la vida psíquica, una relación entre la plasticidad del cuerpo y la del cerebro.

Por eso, es esencial respetar y favorecer los movimientos de los niños ofreciéndoles un espacio favorable para los desplazamientos y los movimientos construidos. Esto hace reflexionar sobre el uso del parque cuando solo sirve para protegerlo contra el peligro. ¿Por qué no preparar un espacio más amplio que un parque de un metro cuadrado? Es posible habilitar un espacio seguro más grande, que evolucione con el niño.

Para Maria Montessori, «el ser humano se construye a sí mismo, para poseerse y dirigirse él mismo. Así pues, vemos al niño moverse continuamente; en efecto, tiene que construir la acción paso a paso, en relación con la mente. Mientras que el adulto actúa movido por el pensamiento, el niño se mueve para construir en la unidad el pensamiento y la acción. [...] Por consiguiente, los que impiden a los niños moverse obstaculizan la construcción de su personalidad».[9] Estimular el movimiento no significa que se enseñe, sino que se respete el movimiento libre, porque desplazándose sin restricciones es como el niño se vuelve prudente y capaz de caerse sin riesgo, mientras que el niño con los movimientos limitados porque está exageradamente protegido se pone

9. *El niño en familia*, Montessori-Pierson Publishing Company, 2014.

más fácilmente en peligro, es menos consciente de los riesgos y de sus limitaciones.

El periodo sensible del lenguaje

Tout est langage [Todo es lenguaje] es el título del famoso libro de Françoise Dolto. El periodo sensible del lenguaje es esencial. Empieza antes del nacimiento. El niño no viene al mundo con el lenguaje, sino con el mecanismo de creación del lenguaje, si se lo expone a este. En el vientre de la madre, el niño reconoce ya las voces de su entorno, percibe las entonaciones, las melodías y los matices. Existen tres etapas en la sensibilidad al lenguaje:

- La primera se extiende de la vida prenatal a la pronunciación de las primeras palabras.
- La segunda va del aprendizaje del lenguaje hablado al del lenguaje escrito y leído (sensibilidad a la representación simbólica de los sonidos).
- La tercera es una sensibilidad a la gramática (sensibilidad a la naturaleza de las palabras, a su función y a la estructura de las frases).

Estos tres ciclos son progresivos y explosivos. El niño absorbe el lenguaje hablado poco a poco y un día, ¡habla! Después, el discurso se perfecciona. Se prepara para la escritura y la lectura durante años y un buen día, ¡descifra una palabra! Escribe otra… y el proceso se desencadena. Lo mismo ocurre con la gramática. En los tres casos, después de una larga maduración, a veces secreta, se produce el cambio.

También en este caso, la estimulación es indispensable. El animal pequeño se comunica desde el nacimiento, pero el ser humano pequeño debe apropiarse del lenguaje. Si no se expone a él, como el niño salvaje de Aveyron, nunca aprenderá a hablar. Las cuerdas vocales, el oído, todas las actividades que implica el lenguaje deben ejercitarse durante el periodo sensible del lenguaje. El triste experimento que realizó el emperador Federico II en el siglo XII da testimonio de ello. Hablaba corrientemente más de seis lenguas e intentó descubrir cuál era la lengua «natural» del ser humano. Contrató a nodrizas para que se ocuparan de seis bebés sin hablarles nunca, pensando que el lenguaje original surgiría espontáneamente. Suponía que sería el latín o el griego. Pero encerrar a estos lactantes en un silencio absoluto los condujo a todos a una muerte precoz. La comunicación condiciona la vida, el lenguaje estructura la vida psíquica del individuo.

Hacia los 12 meses, el niño crea frases compuestas por una sola palabra que corresponde a una situación. Sus familiares lo comprenden bien, pero no los desconocidos. Entre los 12 y los 20 meses, sigue con sus frases-palabra, pero estas palabras corresponden a varias situaciones. Después, aparece la frase de dos palabras, seguida de la de tres palabras, que facilita el diálogo. Hacia los 2 años, el niño controla al menos doscientas palabras, en la mayoría de los casos, algunos niños, muchas más. A partir de entonces, las frases se alargan. El niño habla de sí mismo diciendo «el bebé», después diciendo su nombre, hasta que se asiste a la aparición del «yo» evocado anteriormente, ¡signo del nacimiento de una nueva persona consciente de su individualidad! También en este caso, por supuesto, algunos niños lo hacen muy pronto.

El niño construye su lenguaje en la relación con el otro. Absorbe la lengua que se habla a su alrededor fácilmente, tanto si la lengua es simple como compleja, aunque el vocabulario sea rico. Si existen varias lenguas en su entorno, ¡absorbe varias!

El lenguaje, en un primer tiempo, no se enseña, se desarrolla. Su adquisición tiene lugar por fases. El hecho de señalar, una de estas etapas, es una característica humana que corresponde a un auténtico proceso de comunicación. El niño empieza por nombrar lo que ve. Más tarde, cuando el objeto está ausente y ha comprendido el concepto de permanencia del objeto, el niño lo nombra para evocarlo. El lenguaje se desarrolla entonces y permite al niño nombrar lo que está ausente. Cualquier elaboración del lenguaje es una construcción simbólica que representa lo ausente. El distanciamiento operado por el niño respecto al objeto le permite representárselo y nombrarlo. Las palabras están en la base de la actividad mental. El pensamiento se desarrolla gracias a las palabras.

Es esencial exponer al máximo y lo mejor posible a los niños al lenguaje y asociarlo a las relaciones: hablar al bebé describiéndole lo que pasa, ponerlo todo en palabras, sin dudar en describirle cada una de nuestras acciones. «Te cambio el pañal, te ayudo a ponerte la manga, te ayudo a ponerte el pantalón, la pernera derecha, después la izquierda, sale el pie... Te pongo un calcetín…» Nombrar, describir, comentar imágenes, objetos, escenas, leer libros, contar historias, cantar, conversar empleando palabras precisas, un vocabulario variado, hacer descripciones detalladas, incitar al niño a narrar un acontecimiento, nombrar los objetos sin tener miedo de las palabras complicadas, expresar los sentimientos e invitar al niño a hacerlo son ocasiones de lenguaje que hay que multiplicar. Es conveniente, para respetar el periodo sensible del lenguaje, no exigir demasiado el silencio sin razón. Todo esto desde la más tierna infancia, porque el niño comprende siempre más de lo que se cree.

EL APRENDIZAJE DEL LENGUAJE POR MIMETISMO

Céline Alvarez, extraído del blog «La maternelle des enfants»

Un estudio sobrecogedor, realizado en 1995, ilustra la fuerza de este fenómeno. Se grabaron cientos de horas de interacciones entre niños y adultos en 42 familias de todo el espectro socioeconómico. Se siguió a los niños desde los 7 meses hasta los 3 años de edad. Los investigadores constataron que del 86 al 98 % de las palabras utilizadas por los niños a los 3 años procedían directamente del vocabulario de sus padres. Pero esto no es todo. No solamente las palabras que utilizaban eran idénticas a las de sus padres, sino que el número de palabras utilizadas, la longitud y el estilo de las conversaciones también eran los mismos. Por ejemplo, los padres de las familias desfavorecidas tenían tendencia a hacer comentarios cortos [...], mientras que las familias más favorecidas tenían largas conversaciones con sus hijos sobre una gran variedad de temas. Por lo tanto, hay que comprender que, se quiera o no, estas pequeñas cosas a las que no forzosamente prestamos atención –la manera que tenemos de hablar, actuar y reaccionar diariamente– son las que estructuran, sin ningún filtro, las capacidades y los comportamientos de nuestros hijos.

Nuestras actitudes preparan las suyas

En otras palabras, nuestras actitudes preparan las suyas. Esto debe decirse, repetirse y comprenderse. Ahora tenemos que reaccionar en consecuencia, tanto en casa como en la escuela.

El periodo sensible del refinamiento sensorial

El niño multiplica las experiencias. Sus sentidos son como claves de lectura que le permiten captar el mundo. Pero las sensaciones y las impresiones son innumerables y muy variadas. Hasta aproximadamente los 6 años, aunque esto no cesa en este momento, el niño afina sus percepciones. Las reagrupa, las selecciona, las nombra y las clasifica. Sus percepciones son cada vez más sutiles. Nombrar las impresiones permite al niño conceptualizarlas y, por ello, controlarlas mejor. El refinamiento de los sentidos va a la par que el de la inteligencia. Este trabajo es esencial. Cuanto más estimula el medio, mejor se desarrollan los sentidos. Son numerosas las actividades lúdicas que permiten al niño clasificar sus percepciones: juego de asociaciones, de diferenciación, de gradación, de discriminación... Es bueno multiplicar desde la más tierna edad las experiencias sensoriales que ofrecen el mundo al niño (cf. p. 172).

El periodo sensible de los objetos pequeños

Aunque siempre nos da miedo que se los traguen, ¿cómo no darse cuenta de la atracción constante y especial que los niños tienen por los objetos pequeños? Este gusto por las miniaturas tiene relación con el refinamiento y la precisión de la agudeza sensorial. Es, pues, deseable ofrecérselos a los niños, pero ¡bajo vigilancia, por supuesto! A los niños les gusta observar las semillas, las plantas minúsculas, las figuritas, las conchas ¡e incluso las migas de pan! Todo lo que es microscópico los atrae.

El periodo sensible de la vida social

El ser humano es un ser eminentemente social. Las necesidades biológicas solas no le permiten vivir. Tiene una gran necesidad de relaciones con sus semejantes. Para sobrevivir, pero también para crecer bien, el chiquitín necesita del otro, necesita relacionarse regularmente con los demás. Es extremadamente dependiente de los adultos al principio de su vida y lo sigue siendo durante largo tiempo, aunque de manera decreciente.

Durante su primer año, el niño se distingue de su madre. Después, progresivamente, toma conciencia de su individualidad. Se afirma entre los 2 y los 3 años, y empieza a hablar de sí mismo en tercera persona. Alrededor de los 6 años, después de haber tomado conciencia de sí mismo, el niño toma cada vez más conciencia de los demás. Después de haber recibido mucho, está listo para dar. Se dirige entonces hacia los demás de una manera nueva, intentando ser útil. Durante esta evolución, el niño necesita tener confianza, en especial durante la primera infancia.

Estos periodos sensibles ayudan al niño a construirse. Maria Montessori habla de ello como de «accesos de energías creadoras internas» que permiten al niño aprender según un proceso natural si no se frustran. Maria Montessori llamaba «Horme» a la fuerza vital que da al niño la voluntad inconsciente de elegir lo que es bueno para él en su entorno, como si obedeciera a un «maestro interior» que lo guía. Con esta información, es más fácil identificar los impulsos que suscitan los periodos sensibles en los niños y ayudarlos a sacar provecho de ellos para aprender fácilmente y desarrollarse de manera armoniosa. Para ello, es necesario proporcionarles la estimulación adecuada en cada etapa. La estimulación desencadena la «puesta en funcionamiento» de los órganos. Si no se produce, pueden aparecer trastornos psicológicos (sueño-refugio, pesadilla, regresión, etcétera).

> «Este acceso irresistible, que une al niño a las cosas durante los periodos sensibles, es un amor por el ambiente. No es un amor en el sentido en que se emplea comúnmente para expresar un sentimiento emotivo, sino que es un amor de la inteligencia que ve, absorbe y se construye amando. Esta guía, que fuerza a los niños a observar, se podría designar con una expresión dantesca: "la inteligencia del amor".»
>
> Maria Montessori, *El niño*

Las tendencias humanas

El ser humano tiene tendencias, es decir, instintos, que influyen en su comportamiento y le dan impulsos inherentes a su especie (reflejos de autodefensa y de supervivencia, por ejemplo). Los animales actúan mucho más según sus instintos que el ser humano y de manera innata (por ejemplo, las migraciones). Los seres humanos tienen menos instintos. Al nacer, el chiquitín no está predeterminado. El medio en el que vive es lo que ejercerá sobre él una influencia y desarrollará instintos y reflejos. En cambio, el ser humano tiene numerosas tendencias. Algunas de ellas son innatas, se transmiten genéticamente, y otras son adquiridas. Maria Montessori habló mucho de ellas, pero fue sobre todo su hijo Mario quien recuperó y desarrolló sus reflexiones sobre el tema listando y clasificando estas tendencias humanas. Las principales tendencias son: la vida activa (o trabajo de transformación de su entorno), la orientación, la exactitud, el lenguaje y la comunicación, la vida en grupo, la exploración, la observación, la abstracción, el perfeccionamiento de uno mismo, la imaginación, el orden y el espíritu matemático, la repetición, la adaptación, la búsqueda de comprensión y, finalmente, la elevación espiritual y la orientación moral. Todas estas tendencias deben tenerse en cuenta cuando se educa a un niño, porque es conveniente que su entorno responda a estas tendencias para asegurar su desarrollo.

Conviene recordar

Las etapas de desarrollo de la primera infancia son numerosas y es conveniente conocerlas para acompañar al niño lo mejor posible.

La mente absorbente es, según Maria Montessori, la principal característica del niño, la de tener un estado mental que le permite absorber todo lo que lo rodea, asimilar sus experiencias y construirse integrándolas en función de lo que le ofrece su entorno. Esta capacidad le permite convertirse en un ser humano de su tiempo, es decir, adaptado al lugar donde vive y a su época, a la vez que desarrolla su propia personalidad. Los periodos sensibles son predisposiciones interiores que empujan al niño a centrarse en un aspecto de su entorno que, en ese momento, es necesario para su correcto desarrollo. Respetar estas necesidades es fundamental. Los principales periodos sensibles conciernen al orden, el movimiento, el lenguaje, los sentidos, los detalles y las relaciones sociales.

3. Las necesidades del niño entre 0 y 3 años

El chiquitín responde intuitivamente a sus guías interiores, que lo empujan a explorar sin cesar para aprender de manera espontánea y construirse psíquicamente. Para ello, tiene necesidades fundamentales que se resumen en tres puntos:

- necesidad de concentrarse;
- necesidad de libertad, pero también de límites;
- necesidad de tomar conciencia de sí mismo como individuo.

Necesidad de concentrarse

Según Maria Montessori, el primer camino que el niño debe encontrar es el de la concentración. El pequeño necesita desarrollar su facultad de concentración, punto esencial de un desarrollo armonioso. Contrariamente a lo que se cree, es capaz de concentrarse desde el nacimiento. Su entorno a veces se lo impide al desviarlo de sus centros de interés. La multiplicidad de estímulos que el niño recibe a través de todas sus experiencias puede desviar su atención. Pero la capacidad de concentrarse existe, aunque su potencial no se explote. Ahora bien, concentrándose es como el niño desarrolla su capacidad de concentrarse, así como la calidad, la duración y la frecuencia de esta concentración. Como en todo, es necesario ejercitarla. El adulto que tiene conciencia de esta capacidad y de la importancia de su desarrollo la favorece simplemente respetando la actividad espontánea del niño. Porque, durante la actividad elegida y valorada que canaliza todas sus energías, el niño accede a la concentración. Al responder a un impulso que viene del interior, centrado en un objetivo espontáneamente elegido, el niño se motiva y persevera en una acción que concentra de forma natural toda su atención. El punto de partida de todo es el interés del niño:

Interés > Atención > Repetición > Concentración > Construcción interior

Esta concentración, que resulta de la polarización de la atención del niño, es el signo exterior de su trabajo interior: el niño se construye psíquicamente coleccionando experiencias que le permiten formar imágenes mentales y conexiones neuronales (sinapsis). Entonces se concentra: puede hacerlo mirando un objeto (móvil, planta, rayo de luz), escuchando un sonido o ejercitándose en un movimiento (tocar un juguete, rozar un objeto). Cualquier acción que atraiga su atención puede dar lugar a la concentración. Si se evita interrumpir al niño cuando está centrado, se le permite conservar e incluso reforzar esta capacidad natural que tiene de concentrarse. El simple hecho de ser conscientes de esta capacidad nos ayuda a cuidarla y respetarla. No se trata de hacerse muchas preguntas ni de dejar de ser espontáneos en nuestra relación con el niño, se trata solo de ser conscientes de la necesidad que tiene de poder centrarse tranquilamente desde la primera infancia.

Más tarde, el niño desarrollará la concentración en el trabajo si se le da la capacidad de elegir las actividades pedagógicas y repetirlas a su ritmo. Es importante tener presente aquí al niño un poco mayor, porque ser consciente de sus objetivos a largo plazo permite acompañarlo mejor. El niño que desarrolla bien la capacidad de concentración se convierte en un niño libre, «normalizado», como decía Maria Montessori, es decir, en un niño que emplea su energía al servicio de su propio desarrollo y después al servicio de su entorno social. La concentración no es un fin en sí misma, sino el primer paso en el camino de la socialización.

> «La clave de toda la pedagogía se encuentra sin duda en esto: saber reconocer los valiosos instantes de la concentración para utilizarlos en el aprendizaje.»
>
> Maria Montessori, *El niño en familia*

TESTIMONIO SOBRE LA ATENCIÓN

Patricia Spinelli, directora del Instituto Superior Maria Montessori (ISMM)

De la calidad de nuestra atención dependerá del crecimiento y del desarrollo del niño. Si nuestra atención no es profunda, corremos el riesgo de que aparezca en el niño una especie de «ruido» interior permanente o algo como el aburrimiento o la frustración. De la misma manera que la madre que no está suficientemente atenta cuando alimenta a su bebé corre el riesgo de crear una avidez alimentaria y afectiva nunca satisfecha en su pequeño si no lo alimenta también con su mirada, si no le da el alimento psíquico del que el niño tiene absoluta necesidad. Gracias a esta mirada de la madre, el niño no se sentirá solo, sino apoyado, y este apoyo lo sustentará cuando esté solo posteriormente. Se sentirá fuerte para superar los momentos difíciles y, más tarde, para asumir «su parcela de soledad». [...]

La concentración

¿No será la conciencia ese punto sutil de conciencia, conciencia de estar en el aquí y ahora? ¿No será esa experiencia fundadora en que el mundo externo y el mundo interno van al unísono? Este punto sutil en el que quizá alcanzamos algo de la utopía, ese otro lugar, situado en ninguna parte, un lugar que no existe, pero que nos revela a nosotros mismos y nos ofrece la posibilidad de ser.

«La clave de toda pedagogía se encuentra, sin duda, en esto: saber reconocer los valiosos instantes de la concentración para utilizarlos en el aprendizaje. [...] Solo hay una manera de enseñar: suscitar en el estudiante el interés más profundo, al mismo tiempo que una atención viva y constante. Por lo tanto, solo se trata de eso: utilizar la fuerza interior del niño para su propia educación. ¿Es posible? No solamente es posible, incluso es necesario. La atención necesita, para concentrarse, estimulaciones progresivas. Al principio, son los objetos fácilmente reconocibles por los sentidos [...].»[10]

Para favorecer la atención del niño, en el sentido de la concentración de la actividad mental, centrémonos en la atención, es decir, en la consideración y la deferencia que le dedicamos. La calidad de nuestra atención favorece la de su concentración. Por lo tanto, cuidemos nuestras disposiciones interiores cuando estemos a su lado. La atención que prestemos al «ambiente», es decir, al entorno que ofrecemos al niño, lo ayuda a organizarse interiormente.

¡Permitir que el niño se concentre es ofrecerle la posibilidad de alimentarse intelectualmente, de crecer con serenidad e incitarlo a abrirse al mundo! Para ello, un *leitmotiv:* respetar la actividad espontánea del niño siempre que esté estructurada y tenga un objetivo.

10. Maria Montessori, *El niño en familia, op. cit.*, cap. 6.

Necesidad de libertad, pero también de límites

Maria Montessori tenía una «visión cósmica» del universo, concebido como una unidad en equilibrio permanente, aunque dinámico sin cesar, porque está regido por las leyes de la naturaleza. Esto implica que el ser humano, que forma parte de este universo, respete cierta disciplina al servicio del bien común. Según ella, para eso es necesario que cada uno encuentre su vocación, porque cada niño lleva en él su proyecto, su propio esquema de desarrollo, que solo puede realizar si evoluciona libremente, según sus intuiciones y su capacidad de elección. Por lo tanto, el concepto de libertad es esencial en el pensamiento de Maria Montessori.

Se piensa a menudo que cuanta más disciplina haya, menos libertad, y al revés. Pero Maria Montessori pensaba, al contrario, que estos dos conceptos están intrínsecamente relacionados y son interdependientes, que la disciplina y la libertad van a la par para que el niño pueda construir su libertad interior. El chiquitín se libera disciplinándose, es decir, se libra de sus instintos tomando progresivamente conciencia de sí mismo y de los demás, absorbiendo su cultura, integrando y respetando las reglas de la sociedad en la que crece. ¡Este proceso lo libera a la vez que le impone unos límites! En otras palabras, nuestra libertad nos da unos límites y nuestros límites nos hacen libres.

Ser libre no es hacer lo que se quiera sin preocuparse de nada ni de nadie. Al contrario, es querer lo que se hace porque conocemos nuestras necesidades y las de los demás, es seguir una libertad interior conscientes de las leyes de la naturaleza y de los seres humanos.

Aprender a ser libre

Cada niño construye su libertad en varias etapas: integración de los límites hasta los 3 años, impregnación de la disciplina hasta los 6 años, responsabilización hasta los 12 años y toma de conciencia global hasta los 18 años, que permite el uso de la voluntad en las grandes elecciones de la vida. El joven adulto es entonces libre de disponer de su persona, sin interferir con los derechos de los demás y respetando unos límites.

Sin duda, ser libre no significa que haya que entregar al niño a sí mismo, sino más bien prepararle un entorno en el que pueda actuar libremente. Liberar al niño significa eliminarle las trabas para el desarrollo espontáneo. Se trata de ofrecerle un marco a la vez firme y flexible que lo ayude a adquirir su independencia, primer estadio hacia la libertad. Se trata de un entorno cuidado que ofrezca límites favorables para su aceptación, porque estos límites son indispensables para cualquier adaptación social. En efecto, ofrecer libertad sin marco sería peor que la ausencia de libertad. Quien puede hacer todo lo que quiere no es libre, está solo. No se trata de que el niño haga todo lo que quiera, sino de que quiera lo que hace. Sin embargo, esto no significa tampoco que no se elija nada por él. El niño solo puede desarrollarse positivamente si está apoyado por un proyecto y una mirada benevolente hacia él.

Entre los 0 y los 3 años, se trata de que el adulto acepte la libertad y las iniciativas del niño y de que el niño acepte las limitaciones. El pequeño se construye gracias a unas referencias y unas limitaciones claras de lo que puede o no puede hacer. Para ello, lo incitamos a implicarse en actividades de la vida cotidiana que activen el movimiento y que tengan un objetivo, porque generan una organización interna que estructura al niño y su razonamiento.

La libertad no es la finalidad, sino un largo proceso mediante el cual el niño puede acceder a sus características humanas de individuo libre. Para ello, el niño está dotado desde el nacimiento de fuerzas vitales que lo empujan a explorar su entorno. Por lo tanto, este entorno debe estar preparado para acoger esta energía que necesita orden y paz para organizarse y realizarse. Esto nos invita a reflexionar sobre el concepto de obediencia y de bondad.

Libertad, obediencia, bondad y rabieta

Se oyen a menudo las siguientes preguntas a propósito de un niño que ni siquiera tiene 3 años: «¿Es bueno?». Pero ¿qué significa «bueno»? ¿Es obediente? En otras palabras, ¿está domesticado? ¿Domado para no molestar? Pero ¿se puede ser «obediente» a esta edad?

La primera pregunta es: ¿qué es obedecer? ¿Es ejecutar una orden o responder positivamente a una demanda exterior? Obedecer es renunciar a la propia voluntad y a la propia libertad en provecho de la de otro, sin que haya necesariamente una compensación. Es un acto que requiere una toma de conciencia de uno mismo y de los demás. Esto implica una madurez que todavía no se ha establecido a los 2 o 3 años. Entonces, no sirve de nada lamentarse de que los niños muy pequeños no obedezcan. Es demasiado pronto para eso.

Solo después de haber tomado realmente conciencia de sí mismo el niño ejercita su propia voluntad. Maria Montessori la describe como la expresión de una fuerza inconsciente, a la que llama «Horme», y que empuja al niño a actuar y a ponerse en relación con su entorno para desarrollarse bien. Se trata de una fuerza vital que lo impulsa a actuar. Esta fuerza procedente del interior lo guía y le impide obedecer a una petición que viene del exterior.

Nuestro deber es reconocer este impulso y tenerlo en cuenta. Esto supone que se evite exigir lo imposible, como hace el rey de uno de los planetas que visita el Principito de Saint-Exupéry, en el capítulo 10. Este rey solo da órdenes si pueden cumplirse y responden a las leyes de la naturaleza. No se jacta de ser obedecido por ser obedecido.

> «El niño obedece a la naturaleza. Cuanto más obediente es el niño a la naturaleza, más desobediente es desde nuestro punto de vista.»
> Maria Montessori, *The 1946 London Lectures*

Por lo tanto, lo que hay que cuestionar es claramente el destinatario de la obediencia. ¿El niño debe obedecer o debe seguir las órdenes de la naturaleza para que su desarrollo sea armonioso? En cualquier caso, «¿cómo alguien que es incapaz de someterse a su propia voluntad puede obedecer la de los demás?»,[11] escribía Maria Montessori. Así que no tiene sentido enorgullecerse de ser obedecido por un niño muy pequeño. Para que exista obediencia propiamente hablando, habrá que esperar a la edad de 3 años cumplidos.

Maria Montessori hablaba de tres grados de obediencia.

- **El primero** empieza a partir del momento en que se ha construido la identidad del niño (entre los 2 y los 3 años). El niño obedece a veces en este estadio, pero de manera casi aleatoria. En realidad, está ejercitándose para obedecer, pero ¡no siempre lo hace! ¡Para perfeccionar la construcción de su propia voluntad consciente, todavía le da prioridad muy a menudo!
- **El segundo** tiempo de la obediencia llega más tarde, en el niño cuya voluntad consciente puede actuar para satisfacer una petición exterior. Pero no por ello se trata de exigirle demasiado: el niño sigue siendo un ser en construcción.
- **El tercer** nivel de obediencia llega todavía más tarde, entre los 4 y los 5 años, cuando el niño acepta delegar a un tercero una parte de su voluntad, porque está seguro de sí mismo

11. Maria Montessori, *El niño en familia*, *op. cit.*, cap. 7.

y de la persona que le da una directriz. En efecto, la obediencia se basa en una doble confianza: en el adulto, porque sabe que quiere ayudarlo a crecer, y en el hecho de que recuperará su libre albedrío después de haber sometido su voluntad a la de otro. Una vez que es consciente de sí mismo y que confía en el adulto, puede delegarle su voluntad renunciando temporalmente a la suya.

La disciplina, al igual que la libertad, es un proceso largo, que se construye con amor, confianza e infinita paciencia. Así pues, cuidemos las palabras que empleamos y no hablemos de niños buenos ni de obediencia antes de tiempo. Y, sobre todo, intentemos no llamar «rabieta» a todas las reacciones del niño que no se someten a nuestra voluntad. Hay rabietas y rabietas. Está lo que llamamos comúnmente «rabieta», que no es otra cosa que la expresión de un sufrimiento intenso del niño al que se fuerza a aceptar la voluntad de otro cuando una fuerza interior lo impulsa a crecer.

Lo que llamamos «rabieta» a menudo es la expresión de una cólera impulsiva como reacción a un obstáculo (ayuda inútil) al desarrollo espontáneo del niño o a una «lucha debida a la represión continua.»[12] La rabieta indica que no se han satisfecho las necesidades fundamentales del niño. En lugar de castigar y reprimir esta manifestación, deberíamos considerarla como una advertencia, el síntoma de un malestar que debe vigilarse. La fuerza no es la solución ante

12. *El niño, op. cit.*

la expresión de una llamada de socorro. Es mejor intentar comprenderla. Por otra parte, cuando el niño se siente comprendido en estos momentos, sus reacciones violentas cesan instantáneamente. Algunos dirán que esto se llama «ceder», como si la educación fuera una relación de fuerzas. Yo creo que es mejor considerarlo como una ayuda.

> «Pero sabemos que nada puede corregir la rabieta del niño; ninguna exhortación, ningún castigo es eficaz. Es como si se diera un discurso a un hombre que tiene fiebre, para demostrarle que es mejor que esté sano, amenazándolo con un azote para que le baje la temperatura.»
>
> Maria Montessori, *El niño*

El niño que se recupera de una rabieta porque se siente comprendido no por ello se vuelve «mimado» o «mal educado», sino confiado. «¡Es muy fácil considerar que cada reacción misteriosa es una rabieta! Esta rabieta debe tener para nosotros la importancia de un problema que hay que resolver, de un enigma que hay que descifrar. Esta actitud nueva representa una elevación moral para el adulto», escribía Maria Montessori.[13]

La mayoría de las veces, lo que llamamos «rabieta» y consideramos como una mala acción del niño es una petición a actuar por sí mismo. Seamos receptivos a estas peticiones y, sobre todo, evitemos en la medida de lo posible provocarlas, permitiendo que el niño sea lo más autónomo posible.

13. Ibíd., cap. 8.

Si se reprime sin cesar la rabieta y se considera como un defecto que debe corregirse y no como una expresión que hay que tener en cuenta, se corre el riesgo de que se desarrollen, a largo plazo, desviaciones (confusión mental, huida hacia lo imaginario, hiperexcitación, inhibición, etcétera).

Maria Montessori denunciaba el hecho de que el niño se considera con demasiada frecuencia que «molesta» al adulto, que no debe tocar sus cosas y no debe hacer ruido. Incluso llegaba a hablar de un ser humano sin derechos... Es cierto que la situación del niño ha evolucionado mucho desde que escribió su libro *El niño*, en 1936, pero el concepto de niño que perturba nuestra pequeña comodidad sigue estando muy presente. El adulto, incluso inconscientemente, desarrolla reflejos de autodefensa para protegerse del niño que altera su universo.

Sin embargo, ¿acaso el niño no es la piedra angular de la humanidad? Cuando sus periodos sensibles se respetan y el niño responde al impulso vital que lo anima, ¿no es la alegría encarnada, que irradia también sobre nosotros? ¿Hay algo más emotivo y comunicativo que un niño feliz?

Necesidad de tomar conciencia de sí mismo y de encaminarse hacia la independencia

La vida psíquica del niño se desarrolla desde la más tierna edad gracias a la relación, los movimientos que se coordinan y el lenguaje que se elabora.

Maria Montessori decía del recién nacido que es un embrión espiritual, es decir, un ser nacido físicamente, pero cuya mente todavía necesita desarrollarse para «encarnarse». Escribía en el tercer capítulo de *El niño en familia:* «La encarnación es el proceso misterioso de una energía que activa el cuerpo inerte del recién nacido y le da el uso de sus miembros, la facultad del habla, el poder de actuar y de expresarse según su propia voluntad; de esta manera, el ser humano se encarna», es decir, es él mismo, distinto de su vecino. Comparaba al ser humano con una obra de arte, preparada durante largo tiempo en secreto en un taller con un intenso trabajo antes de ser visible para todos: «El ser humano es como un objeto hecho a mano: cada uno es diferente de los demás, cada uno tiene su propio espíritu creador que lo convierte en una obra de arte de la naturaleza». No es una obra industrial fabricada en serie. De ahí la importancia de prestar atención al niño durante los tres primeros años, periodo de su «encarnación», trabajo intenso a través del cual se forma su personalidad. Por lo tanto, el niño se construye él mismo si se lo ayuda a hacerlo por sí mismo sin intervenir demasiado.

En un primer tiempo, el niño necesita, ante todo, un amor envolvente hecho de atenciones y de leche. Se trata de recrear alrededor de él un universo tranquilizador que asegure una continuidad con la vida intrauterina. Durante los tres primeros meses de vida, lo que necesita es construir una seguridad fundamental para la continuación de su desarrollo. Necesita gestos, miradas, cuidados, una relación constante y tranquilizadora que le ofrezca la posibilidad de ser «uno», de estar unido y no disperso, perdido en medio de abundantes percepciones. El niño tiene necesidad de unicidad, para no dispersarse. La doctora Montanaro, que trabajaba con Maria Montessori, hablaba, en su libro *Understanding the Human Being*, de «confianza básica en el entorno» y de «unidad psicosomática», unión entre el cuerpo y la mente, que se desarrolla entre otros gracias a la comida, porque el niño utiliza su mente para expresar un hambre física y encuentra un alimento a la vez físico y psíquico cuando se lo alimenta en los brazos. La simbiosis que vive con su madre durante las primeras semanas lo ayuda a construir lo que se puede llamar su «columna vertebral psíquica». La capacidad que la madre, el padre y las personas cercanas al niño tienen de centrarse en él y en sus necesidades es lo que le permite crecer con confianza. Sus necesidades se interpretan y se sacian, a veces incluso antes de ser conscientes o de expresarse. Su entorno intenta interpretar sus expresiones y distinguir intuitivamente las variaciones para aportar una respuesta adecuada. Sin embargo, la doctora Montanaro decía que es preferible dar tiempo al niño de expresar su necesidad para que experimente la relación petición/repuesta, y de manera positiva, lo cual le da confianza. Adelantarse a su petición, no responder a ella o tardar demasiado en hacerlo proporciona menos alegría y optimismo que cuando se responde en el momento adecuado.

¿Cómo no sentirse fascinado ante la capacidad de una madre de comprender las necesidades de su bebé? Es mágico.

Nunca nos maravillaremos bastante de la fuerza del instinto maternal. En unas semanas, la madre se vuelve capaz de descifrar las expresiones de su hijo. La madre y el niño componen una partitura común, están de acuerdo. El niño pequeño pone en marcha nuevos medios de comunicación a través de los movimientos y las expresiones. Aunque ni siquiera es consciente de lo que compone su entorno, se siente en confianza en él, porque una respuesta adecuada a sus necesidades las calma la mayoría de las veces. El bebé amado percibe el mundo como amable.

La dependencia del niño pequeño de sus allegados y la incapacidad que tiene al principio de su vida de cubrir sus necesidades son el punto de partida de su capacidad de hacerse consciente de sí mismo y, más tarde, independiente. En esta relación con el otro, el niño construye progresivamente su capacidad de estar solo. La toma de conciencia del otro, amoroso, le permite desarrollar su capacidad de estar solo al lado del otro y después sin el otro, porque comprende progresivamente que el ausente no deja de existir cuando deja de verlo. «Lo que dejo de ver sigue existiendo aunque ya no lo vea; mi mamá regresará aunque ahora no la vea, por lo tanto, existe siempre y yo también, existo independientemente de ella.» La capacidad que tiene el niño de separarse tranquilamente contribuye a la toma de conciencia de sí mismo.

Esta toma de conciencia de sí mismo y del mundo que lo rodea se elabora poco a poco, hasta aproximadamente los 3 años, a través de experiencias sensoriales y motoras. En un marco familiar propicio al arraigo, en una relación profunda con su entorno, el niño pequeño existe psicológicamente y toma progresivamente conciencia de ello gracias al orden, el movimiento voluntario, el lenguaje y las imágenes que observa y absorbe. Construye su identidad y se diferencia poco a poco de los que se ocupan de él. Esto se hace tanto mejor cuanto que se implica al niño en sus cuidados. Entonces desarrolla una mejor conciencia de sí mismo, de los demás y de sus relaciones con los demás. Este trabajo continúa entre los 3 y los 6 años, cuando adquiere una mayor independencia.

El adulto no es el «moldeador del niño», como escribe Maria Montessori en *El niño*; es el niño el que «lleva en sí mismo la clave de su propio enigma individual». El niño necesita actuar por sí mismo. Si encuentra obstáculos demasiado a menudo en esta necesidad fundamental, entra en lucha con su entorno. En este caso, la fuerza que lo empuja a aprender por sí mismo a través de la experiencia se aparta de su objetivo principal y se desvía. Cuando sustituimos demasiado al niño en las acciones de la vida cotidiana, cuando actuamos en su lugar en vez de animarlo a hacer las cosas por sí mismo, aunque lo hacemos con buenas intenciones, alteramos su correcto desarrollo y desviamos sus energías. Es indispensable que el niño dé palos de ciego, fracase, pruebe y vuelta a empezar, por sí mismo, para finalmente tener éxito él solo, para conjugar satisfacción, confianza en sí mismo y amor propio. Si ocurre así, el niño se pone muy contento, de «conquista en conquista», y hace resplandecer la vitalidad interior.

Crecer es volverse autónomo, en otras palabras, ser capaz de sentirse cómodo cuando se está solo. Esto supone que se han multiplicado las experiencias positivas de separaciones (nacimiento, destete, guardería, etcétera) y los grandes trastornos de la vida (llegada de un nuevo hijo, trabajo de la madre, enfermedad, etcétera). El proceso se realiza por etapas y requiere mucha verbalización para poner en palabras los males y aceptarlos lo mejor posible. El niño puede vivir bien todas estas experiencias, anticipadas y explicadas, y salir beneficiado y cada vez más autónomo.

Conviene recordar

Para desarrollarse bien desde un punto de vista individual y social, el niño necesita:

- Concentrarse para construirse intelectual y psíquicamente. Para favorecer la capacidad del niño de concentrarse, debemos respetar sus iniciativas y ofrecerle un entorno lo más tranquilo posible.
- Libertad para desarrollarse siguiendo sus «guías interiores», aunque integrando unos límites.
- Tomar conciencia de que es un individuo, independiente y autónomo, a la vez que forma parte de una comunidad.

4. El enfoque Montessori en casa

Nuestro papel de padres y educadores es acompañar al niño en su propio desarrollo. Por lo tanto, la clave es tener en cuenta y respetar su impulso natural y dejar que siga sus guías interiores. Para ello, **hay que diferenciar entre la ayuda útil y la ayuda inútil.** En efecto, entre las iniciativas que tomamos con la mejor intención del mundo, algunas son positivas, otras, en cambio, son nefastas, porque sustituyen la voluntad del niño y frenan su desarrollo en lugar de estimularlo. Maria Montessori repetía que toda la ayuda inútil es un obstáculo para el desarrollo.

Establecer la distinción entre estos dos tipos de ayuda es, pues, primordial. Demasiada ayuda y demasiado apego generan dependencia, lo cual puede esclavizar al adulto y convertir al niño en pasivo o perezoso. No hagamos retroceder al niño sustituyéndolo. Esto requiere una toma de conciencia que dé lugar a una reflexión constante. No se trata de considerar la educación como un «agobio», una interrogación permanente o un cuestionamiento continuo que podría paralizar al educador o culpabilizarlo. Por supuesto, continuamos siendo naturales y espontáneos, seguimos nuestra intuición, pero después de haber reflexionado y haber visto las cosas con perspectiva. Una vez que hemos integrado que el niño tiene instintos, podemos seguir los nuestros, porque sabemos que la educación debe responder a las necesidades del niño y constituir, ante todo, una «ayuda para la vida».

Nuestro papel de adulto puede resumirse en tres puntos:

- Prepararse psicológicamente para actuar como adultos conscientes.
- Preparar un entorno adecuado para el niño.
- Proponer actividades que lo ayuden a desarrollarse.

Preparémonos para acoger al niño tomando conciencia de nuestro papel

Nuestra misión principal es prepararnos psicológicamente para acompañar al niño lo mejor posible. En otras palabras, ¡tenemos que reeducarnos antes de educar al niño! Sin por ello pretender convertirnos en un superhombre o en un ser demasiado perfecto, porque sería inalcanzable (¡y muy fastidioso!). Se trata de desarrollar cualidades necesarias para el desarrollo del niño. Maria Montessori pensaba que la primera preparación del educador debía ser la de su mente, con el estudio de sí mismo, antes que la acumulación de conocimientos.

Se trata ante todo de ser conscientes: conscientes de las necesidades del niño de las que hemos hablado en el capítulo anterior (concentración, libertad/límites, construcción de sí mismo) y conscientes de nuestro papel de observador, de modelo, de acompañante y de compañero.

Nuestro papel de observador

La observación es la piedra angular del pensamiento montessoriano. Es la herramienta que permitió a Maria Montessori descubrir lo que realmente necesitaba el niño y lo que permite al adulto conocer y comprender al niño en su singularidad, a fin de aportarle una ayuda útil. Cuando adoptamos conscientemente una actitud de observadores, nos protegemos contra las actuaciones precipitadas. Esto permite dosificar bien nuestra intervención, calibrar si es necesario o no intervenir, estimular, o no, y, en caso afirmativo, en qué proporciones. Tenemos entonces una actitud de búsqueda, una mirada nueva que permite descubrir y redescubrir sin cesar a un nuevo niño, sin pegarle una etiqueta, porque está en continua evolución. La observación nos permite ver si el niño está concentrado en una actividad, en cuyo caso intentamos, en la medida de lo posible, no interrumpirlo, aunque esta actividad no tenga sentido para nosotros. Mientras sea ordenada, tiene un sentido para el niño en el marco de su construcción intelectual. Así que evitemos intervenir y... ¡observemos!

Nuestra postura como observadores nos ayuda a respetar la actividad espontánea del niño y nos incita a intentar comprenderla, conscientes como somos de que responde a fuerzas interiores de autoeducación y con la confianza que tenemos en su papel en el desarrollo natural y armonioso. Observar permite identificar los periodos sensibles y secundarlos. El arte de educar reside en la distinción entre la acción constructora del niño, iniciada por sus guías interiores, y la acción desordenada que responde a un impulso destructor. La primera es ordenada y favorece la concentración, debe respetarse. La segunda es desordenada e inútil, incluso destructiva, debe interrumpirse con gracia y cortesía. Para ello, hablemos al niño tranquilamente, poniéndonos a su altura y estableciendo con él un contacto visual benevolente.

La observación permite también eliminar los obstáculos que podrían dificultar el correcto desarrollo del niño. Al observar al niño evolucionar en su entorno, tomamos conciencia de sus necesidades y podemos actuar sobre este entorno y adaptarlo.

Por otra parte, la calidad de la mirada del que observa conscientemente apoya al niño y lo anima a continuar con sus acciones. La intensidad de nuestra mirada observadora da una sensación de existencia al niño, que toma conciencia de sí mismo al sentirse observado. Como en todo, es una cuestión de dosis. No se trata de que la mirada sea pesada. Nuestra mirada debe ser discreta si sentimos que existe el riesgo de distraer al niño de su actividad en lugar de respaldarlo. Observar es un arte.

Tenemos que dejar de considerarnos creadores de la inteligencia del niño y refrenar nuestra tendencia a intervenir demasiado. Nuestro papel es comprender y acompañar. Observar nos permite captar los matices delicados del alma infantil.

Por lo tanto, nuestro papel es observar al niño, es decir, centrar la atención en él procurando identificar sus necesidades, notar sus progresos y reconocer sus intereses para explotarlos y alimentarlos. La observación estimula el interés de la educación y motiva el deseo de hacerlo bien. Ayuda a adaptar la actitud del adulto a las necesidades del niño aquí y ahora. ¡En este proceso, es importante saber observarse uno mismo!

Nuestro papel de ejemplo

Para tener una buena influencia sobre el niño, el secreto es servirle de ejemplo. Absorbe nuestras actitudes, nuestra manera de actuar y de hablar. Aprende lo que puede hacer o no observándonos vivir. Nuestro papel como adultos es indicar al niño que hay cosas posibles y otras que no lo son, con amabilidad y firmeza, para que los límites estén claros y sean fáciles de integrar. Así que olvidémonos del refrán: «Haz lo que digo y no lo que hago» y trabajemos ante todo sobre nuestra manera de ser. Al mostrar, a veces incluso de manera explícita en forma de presentación, el buen ejemplo, tenemos una mejor influencia que repitiendo indefinidamente las consignas. El ejemplo es el rey. **Encarnemos lo que queremos transmitir.** Y relajémonos, porque nada se absorberá en un día. Bajemos nuestro grado de exigencia hacia los chiquitines y elevemos el que tenemos hacia nosotros mismos, porque, si nuestro hijo está sumergido durante mucho tiempo en un ambiente ejemplar y relajado, se impregnará del buen ejemplo, observándonos a nosotros, así como a sus semejantes. Tenemos que adaptar nuestra exigencia a las capacidades del pequeño y no esperar de él lo que todavía no puede hacer.

«Seamos el cambio que queremos ver en el mundo.»
Gandhi

Lo que tenemos que encarnar ante todo, el valor esencial, es el del respeto. «Debemos esforzarnos por comprender mejor la personalidad del niño. Ante todo, el primer deber del educador –tanto si se ocupa de un recién nacido como de un niño mayor– consiste en reconocer y respetar la personalidad humana de este ser nuevo.»[14]

Aceptar al niño tal como es representa renunciar al niño con el que se había soñado, despedirse del niño modelo que se imaginaba. El niño que tenemos delante es muy real. Es él mismo. Aceptarlo así es ayudarlo a aceptarse a sí mismo. Respetarlo es permitirle respetarse. Reconocer su individualidad y su personalidad es amarlo. El amor incondicional le permite crecer y desarrollarse.

El niño que se hace digno de respeto está dispuesto a tener en cuenta las necesidades de los demás. Encuentra su lugar en el seno del grupo, ¡a la vez que deja lugar a los demás! Es un elemento esencial en la educación considera-

14. Maria Montessori, *El niño en familia, op. cit.*

da como un camino hacia la paz. Maria Montessori redactó obras cuyos títulos son muy elocuentes: *Educación y paz* y *Educar para un nuevo mundo*. El educador, al acompañar al niño en su crecimiento, intenta dar ejemplo de paz. La paz es un arte que se aprende desde la más tierna edad, a pequeña escala. La paz que se teje entre los seres, entre los niños y los adultos, entre hermanos y hermanas es la fuente de la paz que puede existir entre las naciones. Aceptar al otro y reconocer sus derechos empieza muy temprano. Es la condición de la tolerancia: considerar que todos somos dignos de respeto, tanto si somos iguales como diferentes. Creemos un ambiente afectuoso y benevolente desde el inicio de la vida.

Respetar al niño es también comunicarse bien con él, es escucharlo y saber hacerse escuchar. Para ello, hay que favorecer la expresión de los sentimientos y las emociones. Negar el sentimiento de alguien hace bajar la estima que tiene de sí mismo. Todos los sentimientos son aceptables, lo que puede ser inaceptable son los comportamientos. Cuando queremos hablar a un niño de uno de sus comportamientos que nos importuna, es mejor evocar este comportamiento describiendo hechos que nos molestan en lugar de criticar al niño. Por ejemplo, es mejor decir: «Has puesto tierra en la alfombra y esto me molesta» que: «¡Eres sucio! ¡Eres un marrano!».

> «Debemos ayudar al niño a librarse de sus defectos sin hacerle percibir su debilidad.»
> Maria Montessori, *El niño en familia*

Cuando es el niño el que tiene un problema, hay que ayudarlo a verbalizar lo que siente y, si es posible, ayudarlo a encontrar en sí mismo sus propias soluciones.

Nuestro papel de acompañante

Enseñamos al niño a caminar hacia la libertad educándolo a elegir. Para ello, tenemos que multiplicar las ocasiones de ejercitar al niño en la elección. Esto puede hacerse en todo tipo de circunstancias: elección entre dos juguetes, entre dos yogures, entre dos pantalones… En un primer tiempo, es mejor limitar la elección a dos opciones, porque tener que elegir entre demasiadas cosas en este estadio puede ser demasiado para el niño. Para aprender a elegir, puesto que elegir es también renunciar, es mejor entrenarse temprano y con frecuencia. El niño tiene que ser consciente de que su elección cuenta para nosotros y de que las opiniones de cada uno son importantes. Esto lo ayuda a considerar la vida no como una relación de fuerzas, sino como una fuente de alegría y como una ocasión de multiplicar las relaciones positivas.

Nuestro papel de adultos también es guiar al niño hacia actividades construidas que tengan un objetivo, a fin de incitarlo a desarrollar el movimiento, los sentidos, el lenguaje y el sentido social. En otras palabras, nuestro papel es implicar al niño teniendo en cuenta los periodos sensibles que atraviesa. Incitarlo a actuar, por una parte, y no interrumpirlo cuando actúa de manera espontánea y constructiva, por otra parte.

¡No olvidemos la valiosa capacidad de concentrarse que está desarrollando!

Cada niño tiene su propia personalidad y su misión. Khalil Gibran lo expresó muy bien en el magnífico libro *El profeta:* «Nuestros hijos no nos pertenecen». No están ahí para ser proyecciones ni extensiones de nosotros mismos. No son «nuestros» hijos, aunque se nos han confiado. **Nuestra misión es acompañarlos hacia sí mismos, es decir, ayudarlos a convertirse en ellos mismos.** Esto supone, como acabamos de decir, que los aceptemos realmente tal como son y que los ayudemos a aceptarse a sí mismos, a la vez que favorecemos su deseo de construirse y progresar. No se trata de hacer de ellos lo que queremos que sean. Nosotros también tenemos nuestros propios proyectos. Nuestros hijos, por su parte, así como los que se nos han confiado, tienen su propio proyecto: construirse. Este acompañamiento tiene lugar gracias a la observación.

Nuestro papel es proporcionar las mejores condiciones para el buen desarrollo espontáneo del niño. Lo primero que tenemos que hacer para ello es reconocer la fuerza que constituye el «maestro interior» del niño, este impulso que lo empuja a elegir lo que es favorable para su desarrollo. Nuestro papel es respetar este impulso y proporcionar al niño un entorno en el que exprese este amor por la vida.

Esto es posible gracias a un entorno y unos elementos materiales: se trata de proponer una atmósfera distendida propicia para el desarrollo, sin estrés. Es formidable tener un proyecto de aprendizaje para el niño, pero ¡es necesario que este proyecto sea ante todo acompañar al niño en sus propios proyectos! Esto permite partir de los intereses y los impulsos del niño. Por supuesto, podemos estimular sus deseos proponiéndole actividades, salidas, lecturas y juegos, pero esto solo será beneficioso si el niño lo convierte en su proyecto, porque se adapta a sus guías interiores del momento. Esto permite ajustar bien nuestras expectativas. En efecto, si esperamos demasiado de nuestros hijos, y en un momento que no es el adecuado, nos arriesgamos a suscitar el efecto inverso del esperado: desmotivación, pérdida de confianza, mala estima... Hay que apagar la pequeña radio interior que nos empuja a idealizar a nuestros hijos y a compararlos siempre con el niño ideal con el que soñamos o que no hemos conseguido ser nosotros mismos. No volvamos a representar nuestra vida intentando vivir la de nuestros hijos en su lugar. Aun así, de todos modos hay que tener proyectos para ellos. Es un equilibrio hábil. Y el secreto para encontrarlo se resume en unas palabras: acompañar es más que seguir y menos que dirigir. Hay que buscar el justo medio.

Es conveniente conocerse a sí mismo y estar tranquilo para ser capaz de acompañar al niño. Conocer nuestras cualidades y nuestros defectos ayuda a aceptar los del niño y a trabajar en nosotros mismos para desarrollar cualidades esenciales para la educación positiva: espíritu de servicio, humildad, disponibilidad, paciencia, benevolencia, capacidad de atraer al niño hacia la actividad, empatía y calidad de escucha y, sobre todo, el sentido y el gusto por la observación.

Se trata de desarrollar una actitud vigilante sobre la calidad de la ayuda que ofrecemos. Sin cuestionarnos a cada instante, lo cual sería agotador, hagámonos regularmente la pregunta: «Al intervenir, ¿voy a dificultar o favorecer el desarrollo de este niño?». Ayudar, no ayudar demasiado y, sobre todo, no dificultar. Un buen medio de discernir lo que podemos hacer, o no hacer, para ayudar al niño es intentar ponernos en su lugar. Imaginarnos en su estadio, viviendo lo que está haciendo, nos ayuda a saber lo que sería bueno para nosotros y, por lo tanto, para él.

Nuestro papel de garante de la relación y de su calidad

LAS ETAPAS DE UNA RELACIÓN

- **Hasta los 8 meses**
  La relación se construye de una manera nueva después del nacimiento. Se tejen los vínculos y se acentúa el apego. La acumulación de experiencias positivas tranquiliza al niño, que ha cambiado de universo al nacer. Esto se resume, al inicio de la vida, por la calidad de la mirada y el arte del gesto. El niño pequeño necesita ante todo «una mirada que piense», es decir, a una persona que le dirija una mirada amorosa, que lo siga y lo envuelva de benevolencia.

  La buena relación que tiene con sus allegados y, en especial, con su madre, al inicio de la vida garantiza su relación con el mundo. Debemos ser conscientes de que el bebé tiene una vida psíquica y mimarla es propicio para su desarrollo. La relación pasa al principio por el gesto: la manera en que hablamos al niño, en que lo desplazamos, lo cambiamos, lo vestimos y lo alimentamos, con un arte y un cuidado especiales y refinados, como si manipuláramos el tesoro más valioso. El masaje, el transporte y el lenguaje de los signos asociado a la palabra son medios maravillosos de crear vínculos con el bebé. La relación pasa también por la calidad de la mirada que envuelve y acaricia. Finalmente, pasa por la comunicación oral. Cualquier momento puede ser una oportunidad para el intercambio: una comida, un baño, un masaje, una caricia, una historia... La confianza que el bebé adquiere durante los primeros meses de vida es la base de la confianza que tendrá en la propia vida. Le confiere optimismo y seguridad para siempre. El papel esencial de la relación en el desarrollo psíquico del niño fue señalado por D. W. Winnicott, que insistía en el hecho de que la dependencia, seguida de un estadio en el que el niño está solo en compañía de su madre, son etapas indispensables para acceder a la capacidad de estar solo. Haber sido dependiente y saciado permite volverse independiente.

- **De los 8 a los 15 meses**

  El niño atraviesa un periodo durante el cual está ansioso ante las personas que no conoce. Pero basta que un desconocido no se precipite sobre el niño, lo respete y se le acerque progresivamente para que el niño lo acoja en su burbuja invitándolo con la mirada o tendiéndole la mano con una sonrisa, al sentir la benevolencia de esta nueva cara. El niño necesita entrar en relación antes de que lo cojan en brazos. En este estadio, ya no es tan fácil confiarlo a un desconocido como unos meses antes. Pero no por ello es salvaje o tímido, como piensan algunos, que se ofenden ante esta prudencia que, en realidad, no es más que la expresión de una precaución sana por parte de un niño en busca de relaciones recíprocas.

Cuando el niño se mantiene en pie, lo invitamos a implicarse todavía más durante los cuidados de cambio de pañales, higiene y vestido. Colabora con nosotros en el cuidado de su persona, de la que es cada vez más actor. Concretamente, el cambio de pañal puede hacerse de pie. El niño puede ir a tirar el pañal y buscar uno nuevo, participa poniéndose la ropa…, unas acciones que lo implican al favorecer la autonomía, la toma de conciencia de sí mismo y de su cuerpo, de sus necesidades. Las dependencias del niño respecto al adulto no deben instalarse. No son más que una etapa hacia la independencia, con el riesgo de volverlo pasivo.

Cuando el niño aprende a caminar de forma segura, es importante introducir el concepto de colaboración en nuestra relación con él. Podemos invitarlo lo más a menudo posible a hacer cosas con nosotros. Su implicación en la ejecución de las actividades de la vida cotidiana es una etapa de su camino hacia la autonomía. Para que el niño sepa hacer un día las cosas por sí mismo, primero tiene que saber hacerlas con nosotros. Se siente atraído por las actividades cotidianas, como cortar un plátano, pasar la esponja, tender la ropa, poner la vajilla en el lavavajillas, limpiar la mesa, pasar el aspirador, utilizar una escobilla... Son actividades que lo implican en una acción colectiva, puesto que se viven en colaboración con nosotros, en una relación y en la transmisión de una habilidad. Cuando invitamos así al niño a participar activamente en las actividades de la vida cotidiana, no esperamos de él que las ejecute de manera perfecta. No permitimos que sienta que no lo consigue, si es el caso. Lo que importa es su implicación. El objetivo no es que el niño lo haga bien solo en este estadio de su desarrollo, sino que se construya psíquicamente organizando su pensamiento a medida que organiza sus acciones. Gracias a la benevolencia de nuestra mirada, un día lo conseguirá. Debemos procurar que pueda realizar estas actividades con satisfacción, preparando un espacio a su altura o una mesita y disponiéndole los objetos que necesita en el orden de su utilización. Gracias a esta relación de colaboración con nosotros, el niño se desarrolla en el aspecto motor, psíquico y psicológico; se adapta a la vida real y desarrolla la confianza en sí mismo. Invitemos, pues, a los niños a colaborar con nosotros, impliquémoslos en la vida real y no entorpezcamos sus iniciativas cuando lo hacen espontáneamente. El niño necesita mantenerse activo y manipular objetos reales mejor que juguetes. No quiere vivir al margen, imitar acciones. Necesita vivir la vida real, con nosotros.

- **De los 15 meses a los 3 años**
  El niño tiene tendencia a multiplicar los ejercicios físicos intensos que Maria Montessori llamaba los «esfuerzos máximos». Se pone retos que implican fuerza y un esfuerzo sostenido, como llevar algo muy pesado o voluminoso, caminar largas distancias, dar saltos, escalar... Actividades que a veces nos parecen insuperables o arriesgadas y, sin embargo, si lo dejamos hacer, el niño lo consigue. Esto le da una doble seguridad, física y psicológica, porque se percibe como una persona fuerte y que consigue lo que se propone. Pero esto solo se produce si no lo hemos molestado en su acción. Porque, a menudo, si no estamos advertidos de este esfuerzo máximo y de su interés, tenemos tendencia a intervenir, ayudando o deteniendo al niño en su proyecto, que nos parece peligroso. Ahora bien, estas misiones que el niño se atribuye ejercitan su fuerza, su voluntad y su sentido del esfuerzo, así como su perseverancia y su gusto por el éxito. Cuando ha terminado, está orgulloso de sí mismo, con la satisfacción del trabajo bien hecho. Una sensación que alimenta su capacidad emprendedora. Es realmente

importante que el niño pueda llegar hasta el final de sus iniciativas y extraiga de ellas una experiencia positiva, que le da confianza en sí mismo y en sus recursos. Este trabajo físico alimenta su desarrollo psicológico. Cuando somos conscientes de ello, podemos respetar mejor sus iniciativas, a la vez que las vigilamos para velar por su seguridad, por supuesto. Incluso podemos animarlo si es necesario, pero procurando dejar que consiga él solo la victoria. Entonces comprende que, haciendo esfuerzos, se consiguen los fines. Sabe que a veces hay que redoblar los esfuerzos, pero que puede, por sí mismo, alcanzar los objetivos que él mismo se ha fijado. ¿Acaso no es un tesoro que necesitará toda la vida? Sobre todo en nuestra época, en la que los niños convertidos en adultos tendrán que reinventarse y cambiar varias veces de oficio. Esto requiere la capacidad de recuperarse después de los desánimos y las frustraciones.

«No hagas esto, haz aquello...», «Pesa demasiado», «Te vas a caer»... ¡Todos nos sorprendemos un día u otro pronunciando estas palabras a un niño que se está lanzando a una gran aventura! Es la expresión de nuestra ambivalencia. Queremos lo mejor para el niño y he aquí que lo desanimamos poniéndolo en guardia con fórmulas negativas que son de mal augurio y que lo paralizan. Son reflejos de personas que intentan protegerse a sí mismas. Pongamos en cuestión estas fórmulas y cultivemos las advertencias benevolentes y estimulantes y, en el mejor de los casos, con una mirada silenciosa que acompaña y protege.

La mirada tiene una gran importancia en la relación y la comunicación. Al mirarse mutuamente, los dos actores de la relación se conectan profundamente y se transmiten muchas cosas además de las palabras. Cuando me dirijo a un niño para decirle alguna cosa importante, no vacilo en conectarme con él fijando la mirada en la suya, incluso explicitándolo: «Mirémonos en lo más profundo de los ojos, conectémonos». ¡Entonces nos colocamos mutuamente en la misma frecuencia y nos captamos mejor!

DESARROLLEMOS UNA RELACIÓN DE CALIDAD

Para que nuestra relación con el niño sea de calidad, existe una palabra clave: cooperación. Evitemos sentirnos superiores al niño. Es cierto que hemos vivido más, hemos pasado por esto, pero seamos conscientes de que estamos ante una persona, no ante un pequeño, no ante un futuro adulto, sino claramente ante una persona, que se está desarrollando, sí, pero que ya es una persona con todas las de la ley. Pongámonos en su lugar. Recordemos al niño que hemos sido. Nos acordamos más o menos conscientemente de la calidad de las relaciones que hemos tenido con los adultos que nos rodeaban, pero esto nos ha formado. Velemos por nuestras relaciones con cada niño.

Para poder asegurar la calidad de nuestras relaciones con el niño, ayudémoslo a aprender por sí mismo. Para aprender, en todos los ámbitos, el niño se basa en **tres competencias:**

- organizarse;
- concentrarse (ignorando las distracciones);
- tantear (cambiar de estrategia a medio camino si la primera no funciona).

En otras palabras, el niño construye todas sus habilidades con una actitud de investigador: emite hipótesis, prueba, ajusta, deduce, observa, concluye... Tiene un pensamiento hipotético-deductivo. Se pone objetivos e intenta alcanzarlos utilizando su memoria inmediata y sus observaciones. Concentra la atención en sus investigaciones sin dejarse distraer. Si sus hipótesis de partida no son buenas, las reconsidera. Ahora bien, estas tres competencias no son innatas. Cada niño tiene que desarrollarlas ejercitándolas. ¡Para ello, es necesario que permitamos que las ejercite! Es necesario que estos «entrenamientos», aunque corran el riesgo de alterar la calma de nuestra vida, se toleren, ¡e incluso se acepten y se estimulen! La calidad de la relación niño/adulto se basa en esta aceptación. Si acompañamos las exploraciones del niño con la certeza de que un día lo conseguirá, aunque no sea de inmediato, ¡se establece una relación de confianza, beneficiosa para todos!

El niño muy pequeño puede olvidar el fin de su frase, distraerse o dejarse invadir por una emoción, no volver a probar suerte después de un intento no concluyente. A partir de los 3 años, de camino hacia la autonomía, despliega sus potenciales de memoria, de organización, de gestión de las emociones y de las situaciones. Pero, para ello, tenemos que ayudarlo lo más temprano posible a desarrollar sus cualidades dejando que «actúe por sí mismo» e incitándolo a ser independiente.

> «En efecto, cuando le enseñábamos una acción con una precisión exacta, esta precisión era lo que parecía retener su interés. Tener un objetivo real que alcanzar era el primer tiempo; pero la manera de ejercitarse con exactitud era la ayuda para que el niño fuera constante y, por consiguiente, para conducirlo a progresar.»
>
> Maria Montessori, *La mente absorbente del niño*

Para ello, verbalicemos el objetivo de nuestras acciones, mostrémosle lentamente cómo las realizamos, explicitando los detalles de los puntos necesarios para conseguirlo. Después procuremos implicarlo para que lo haga él y observémoslo cuando lo hace solo, animándolo con la mirada y, si queremos, con un comentario. Dicho de otro modo, cultivemos una relación de cooperación.

El tiempo que pasemos guiando al niño pequeño desde el nacimiento hasta los 3 años le permitirá más tarde saber hacer elecciones, desenvolverse y expresar sus percepciones y sus emociones. El tiempo invertido con él y nuestra disponibilidad en su dependencia inicial lo harán tanto más independiente y autónomo a largo plazo. La calidad de nuestra presencia es esencial.

CUIDEMOS DE NOSOTROS MISMOS PARA NUTRIR LA RELACIÓN

¡Para cuidar bien de alguien y de una relación, hay que estar en plena forma! ¡Por lo tanto, para cuidar del niño, cuidemos de nosotros mismos! Cuidémonos relajándonos, haciendo deporte y dándonos caprichos. Cultivemos la benevolencia y soltémonos. Elijamos nuestras batallas, no exijamos demasiado ni todo el tiempo. Todo será más distendido y propicio para las relaciones armoniosas. Esto nos ayudará a estar disponibles y a ser pacientes. ¡Porque no olvidemos que los niños lo sienten todo! ¡Acabemos con las relaciones de poder y optemos por la ligereza!

Para responder las misiones de observador, modelo, guía y ser de relación, debemos realizar un proceso personal, una introspección. Son necesarias tomas de conciencia y reflexiones para que nazca un «nuevo educador», como decía Maria Montessori: un adulto maduro y sereno, capaz de descentrarse de sí mismo para centrarse en el niño. Un adulto que intenta ponerse en el lugar del niño para comprenderlo, aunque sin olvidarse nunca de mantener su lugar de adulto, por supuesto. Se trata de comprender el punto de vista y la necesidad del niño sin perder el propio lugar. Esto requiere una auténtica preparación, una toma de conciencia, en un primer tiempo, y después un trabajo interior para renunciar a la tendencia que tienen muchos adultos de tener un comportamiento «tiránico» con el niño, como decía Maria Montessori. Se trata de resistirse al egoísmo y de «revestirse de caridad».[15]

15. *El niño*, *op. cit.*, cap. 15.

«Tenemos que educarnos si queremos educar.»
Maria Montessori, *El niño*

«El concepto fundamental de la educación consiste, pues, en no ser un obstáculo para el desarrollo del niño. Lo fundamental y difícil no es tanto saber lo que tenemos que hacer, sino comprender de qué pretensión y de cuántos prejuicios tenemos que deshacernos para ser aptos para educar a un niño.»[16]

Nuestro papel de adulto es, pues, capital, tanto más cuanto que somos los iniciadores de otros dos elementos esenciales: el entorno y las ayudas al desarrollo.

Preparemos un entorno adaptado al niño

Maria Montessori designa con la palabra «ambiente» un entorno preparado, es decir, un conjunto de condiciones materiales, psicológicas, culturales, sociales y espirituales en las que el niño evoluciona. Es un factor esencial de desarrollo. Un ambiente adaptado a las necesidades del bebé le permite a su vez adaptarse progresivamente a la vida. Preparando un entorno en el que acojamos al niño, actuamos sobre su educación de manera indirecta. Le ofrecemos un universo adaptado a sus necesidades.

16. *El niño en familia, op. cit.*, cap. 5.

> «Está claro que nuestra pedagogía da al ambiente una importancia tan grande que lo convierte en la base central de toda la construcción pedagógica.»
>
> Maria Montessori, *El niño*

Sobre todo entre los 0 y los 3 años, el entorno es el mejor medio para actuar sobre el niño. Debemos estar constantemente alerta y procurar adaptar el entorno a sus necesidades en función de su desarrollo. Esto favorece su autonomía y mejora la atmósfera familiar. ¡En lugar de pasarse la vida diciendo no al pequeño, organicemos el espacio para que pueda decir sí a la vida!

Privilegiemos un universo simplificado que tenga en cuenta los periodos sensibles

Somos los garantes de la atmósfera ordenada y tranquila. Procuremos también que sea rica en oportunidades de experiencias y favorable a la actividad espontánea del niño, teniendo en cuenta las necesidades de este relacionadas con los periodos sensibles del orden, el refinamiento de los sentidos, el movimiento, el lenguaje y la relación.

FAVOREZCAMOS EL ORDEN

Lo que necesita ante todo el niño pequeño es paz: un entorno tranquilo para que los primeros tiempos sean como una cámara de descompresión entre la vida *in utero*, muy cómoda, y la vida de niño, muy tónica. Para ello, un *leitmotiv:* simplificar el universo del niño. Esto significa que debemos favorecer los tonos claros y lisos, los materiales suaves y, sobre todo, que tenemos que evaluar minuciosamente la dosis de estimulación. Para que el niño gestione todas sus nuevas sensaciones, procuremos que no lo superen porque sean demasiado numerosas o demasiado intensas. De la misma manera que la uniformidad de un segundo plano permite percibir mejor el primer plano, el universo del pequeño debe ser sobrio para permitir que su atención se concentre en un objeto a la vez. Las informaciones nuevas y las experiencias inéditas son tan numerosas que es mejor que se separen unas de otras para que el niño las perciba mejor y pueda analizarlas e integrarlas. Por ejemplo, intentemos estimular el oído, la vista y el tacto por separado, no forzosamente al mismo tiempo. Para ello, el entorno debe estimular sin sobreestimular.

El niño pequeño necesita orden, debemos insistir sobre este punto, porque es una necesidad vital que le permite orientarse, explorar de forma segura, organizar sus sensaciones y percepciones y, por lo tanto, construirse psíquicamente en un ambiente sereno.

EMMI PIKLER O EL MATERNALISMO INSÓLITO

Una guardería en Lóczy, Rumanía

La relación es una interacción formada por gestos, miradas y palabras. Emmi Pikler, famosa pediatra húngara que dirigió, después de la Segunda Guerra Mundial, la guardería de Lóczy, en Rumanía, acogía en ella a bebés huérfanos de guerra, tratados y cuidados de manera bastante excepcional para luchar contra la aparición de trastornos relacionados con el «hospitalismo». Favorecía la actividad libre y elegida por el niño desde la más tierna edad. Recomendaba en especial la libertad de movimiento, que se desarrollaba al ritmo del niño, sin estimulación del adulto, porque no se enseña. En cambio, según ella, se desarrolla de forma más armoniosa sin intervención exterior, excepto la del ejemplo. El educador acompaña al niño con la mirada, pero no lo estimula demasiado físicamente.

Emmi Pikler señalaba la importancia de los cuidados y el bienestar corporal, insistía en la verbalización de nuestras acciones sobre el niño cuando se lo cuida para que pueda anticipar y tomar conciencia de sí mismo y de su cuerpo. Su trabajo y sus investigaciones dieron lugar a un método llamado el «maternalismo insólito», que todavía sirve de referencia en el mundo entero. La asociación Pikler International, continuada por Pikler Lóczy Francia y presidida por el psiquiatra infantil Bernard Golse, sigue muy activa entre todos los que se interesan por la primera infancia y las buenas relaciones entre los adultos y los niños.

Para paliar la ausencia de los padres, la institución Lóczy vinculaba a cada niño con un número restringido de cuidadoras, para que siempre se relacionara con las mismas personas. El niño experimentaba, pues, la constancia en la manera de tenerlo en cuenta. Esta estabilidad lo tranquilizaba, lo cual es esencial en este periodo de construcción. Sus cuidadoras le hablaban mucho y le detallaban todos los cuidados para alimentar la relación y el desarrollo del lenguaje. Esta manera de tratar al niño era muy innovadora para la época.

Emmi Pikler decía que si ayudamos demasiado al niño a resolver todos sus problemas, lo privamos de algo que le parecía esencial: su desarrollo mental, puesto que aprende ejercitándose por sí mismo y encontrando sus propias soluciones.

Emmi Pikler señaló cuatro puntos esenciales:

- El proceso de desarrollo del bebé es programado y espontáneo, sigue un orden preciso, cada uno a su ritmo, sin edad característica, siempre que no se le pongan obstáculos imponiéndole demasiadas posiciones o manipulándolo mal.
- Respetar la actividad espontánea del bebé desempeña un papel importante en su desarrollo, porque le proporciona placer, alegría, interés, concentración, gestión del esfuerzo y perseverancia.
- Si no se respeta el orden y el ritmo de aparición de los procesos naturales del bebé, la continuidad de este proceso tiene lugar de forma menos armoniosa. Por ejemplo, colocar al bebé en posiciones que no puede adoptar ni abandonar por sí mismo lo priva de la alegría del descubrimiento, así como de la confianza que esto proporciona.
- La importancia de la intimidad y las buenas relaciones entre el educador y el bebé para respetar su ritmo, así como la importancia de la organización de un espacio favorable para la libertad de movimiento.

No se trata de un orden fijo y paralizador, sino de una organización atractiva que aporte referencias. Para que el niño absorba el orden, preparémosle una habitación en la que las cosas tengan un lugar. El hecho de encontrar las mismas cosas en los mismos lugares le permite tener referencias. Procuremos que el niño pueda acceder a sus cosas. Cuidemos el orden antes de la presencia del niño, pero también día a día a lo largo de la jornada, progresivamente. Adquiramos la costumbre de guardar lo que hemos utilizado e incitemos al niño a hacerlo después de haber sacado algo. Esto forma parte de la actividad del niño y lo invita a participar en el cuidado de su entorno.

Ofrecer orden es también ofrecer limpieza: en lugar de tener miedo de que el niño toque objetos sucios, procuremos que lo que tiene al alcance de la mano no lo esté, al menos en casa.

Finalmente, ofrecer orden es sobre todo ser constante en la relación. El niño necesita ser tratado de manera constante por una persona tranquila. Aspira a una continuidad, una armonía en la manera de considerarlo, acariciarlo y amarlo. Esta continuidad en la relación es lo que el enfoque de Pikler Lóczy pone de relieve.

FAVOREZCAMOS EL REFINAMIENTO DE LOS SENTIDOS

La primera infancia es el periodo en que los sentidos se ponen a funcionar por completo. Necesitan sentir para perfeccionarse y desarrollarse, para que el niño refine sus sentidos. Es un enriquecimiento mutuo y concomitante. Cuanto más estimula el medio los sentidos del bebé, más se desarrollan. Ahora bien, cuanto más se desarrollan, más estimulado está el bebé por su medio. El pequeño necesita experiencias sensoriales para que sus 100.000 millones de neuronas se desarrollen y se conecten. Recordemos que el bebé muy joven distingue mejor el negro y el blanco que los colores, y que le gustan las imágenes simples y contrastadas. Necesita tiempo para centrar la atención y desarrollar los matices de percepción. La pedagogía montessoriana propone actividades simples para estimular los sentidos aisladamente sin proponer demasiadas. Más adelante en este capítulo se dan numerosas ideas.

FAVOREZCAMOS EL MOVIMIENTO INTELIGENTE

El niño se construye moviéndose desde la más tierna edad, aunque sus movimientos al principio son imperceptibles. Los movimientos que tienen un objetivo definido participan en la construcción psicomotora.

En la medida de lo posible, es bueno favorecer el desarrollo natural de los movimientos del pequeño. Por ejemplo, es conveniente no sentarlo antes de que se siente por sí mismo. En cambio, es positivo favorecer los desplazamientos ofreciéndole un espacio seguro y cómodo, poniéndole ropa con la que esté a gusto, para que pueda moverse libre y ampliamente. Hay que adaptar la ropa a las etapas de crecimiento. Las prendas de vestir forman parte del entorno del niño y son importantes, porque los niños viven con ellas. Debemos procurar ofrecer ropa cómoda y propicia para los movimientos. Por ejemplo, evitemos los días corrientes los vestidos para las niñas que no saben caminar, porque les impiden arrastrarse, los bodis y los petos para los niños que ya no llevan pañales o se entrenan para dejar de llevarlos, porque no es práctico, el calzado difícil de cerrar para el que quiere calzarse solo, etcétera.

Hacia los 7 meses, cuando el niño empieza a sentarse, podemos ofrecerle un cojín en U o un cojín de lactancia, para que le sirva de respaldo. A esta edad es mejor que una hamaca, porque está mejor enderezado que tumbado para abordar el mundo que lo rodea y para moverse. Más tarde, cuando se desplace, el niño tiene la posibilidad de ejercitar bien sus movimientos y de llegar al final de sus acciones, progresa realizando pequeñas misiones que se atribuye él mismo y poniéndose retos personales, como desplazar una silla o levantar un objeto pesado. Descubre que tiene la posibilidad de actuar sobre su entorno. Esto le confiere una sensación de independencia y de confianza.

FAVOREZCAMOS EL LENGUAJE Y LA RELACIÓN

Al niño, le gusta que le hablen durante largo tiempo desde su más tierna edad. El lenguaje empleado por las madres cuando hablan a sus bebés se llama «palatalización» o también *baby talk*. Se trata de un lenguaje melodioso y a menudo agudo que atrae al niño. Este absorbe con mucha rapidez la música de la lengua y la canturrea con frecuencia, incluso antes de hablar; ¡todavía no pronuncia palabras, pero ya tararea frases melodiosas! Nosotros respondemos a este balbuceo supo-

Foto 1. Cuna de viaje, con paredes transparentes y con una puerta con cierre de corredera

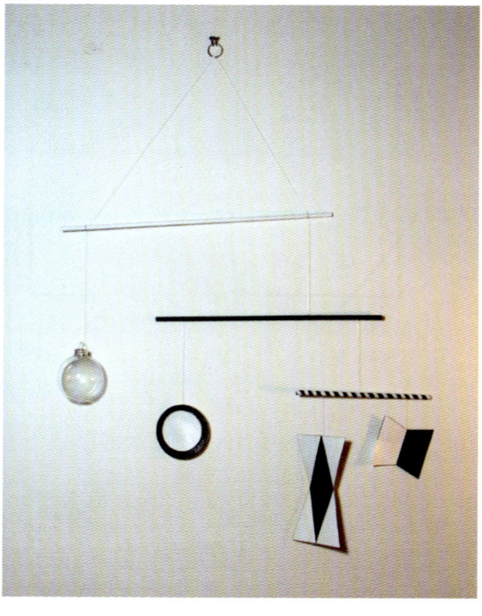

Foto 2. Móvil de Munari

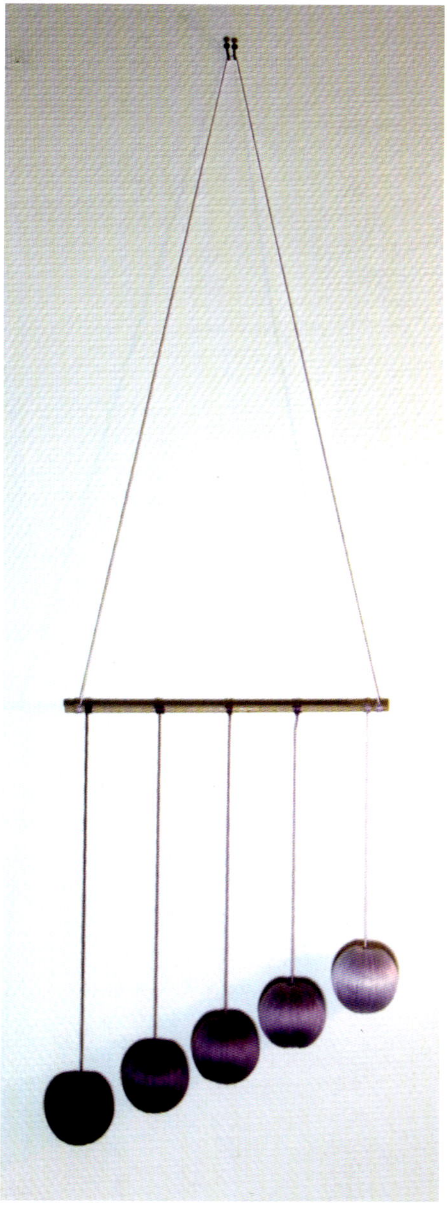

Foto 3. Móvil de Gobbi

Foto 4. Móvil de los bailarines

Foto 5. Móvil de los octaedros

Foto 6. Móvil fabricado en casa con un lápiz y dos ovillos de lana

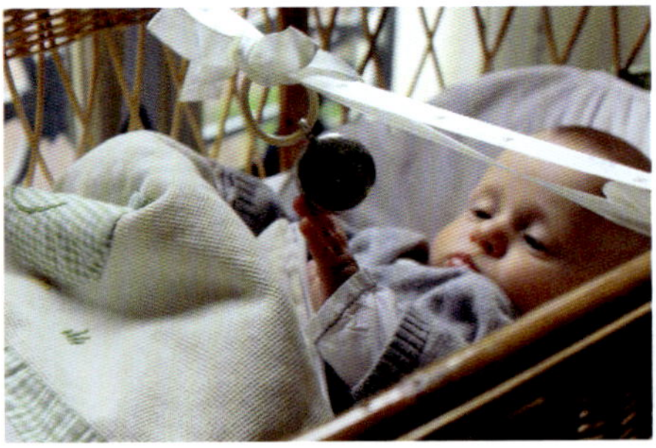

Foto 7. Objetos colgados que permiten al bebé ejercitar su capacidad de concentración y de prensión

Fotos 8 y 9. Botellas con líquidos de colores y el juego del escondite (actividades relacionadas con la vista)

Fotos 10 y 11. Objetos y actividades para estimular el oído

Foto 12. Cuadrados de tejido de diferentes materiales para estimular el tacto

Fotos 13, 14, 15, 16, 17, 18, 19, 20, 21, 22 y 23. Diferentes tipos de objetos para favorecer la motricidad fina

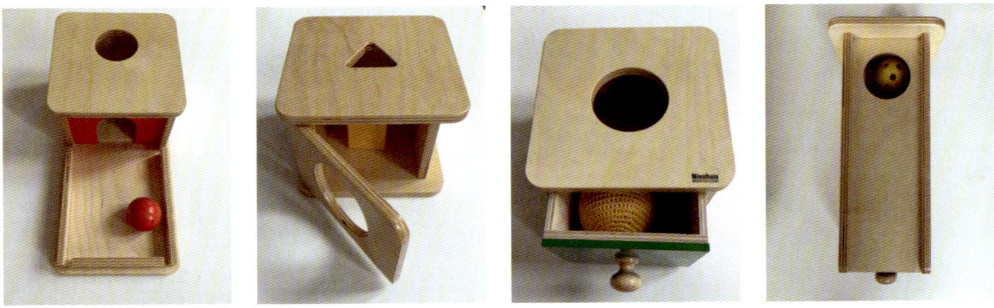

Fotos 24, 25, 26 y 27. Cajas para encajar (motricidad fina)

Foto 28. Ensartar objetos en una varilla (motricidad fina)

Foto 29. Jugar con la llave y la cerradura de un mueble bajo (motricidad fina)

Foto 30. Empujar un carrito de locomoción (motricidad global)

Foto 31. Asociar objetos a sus representaciones fotográficas (construcción del lenguaje)

Foto 32. Emparejar objetos (construcción del lenguaje)

Foto 33. Marco para entrenarse con botones, automáticos y velcro (favorecer la autonomía)

Foto 34. Cortar un plátano (favorecer la autonomía)

Foto 35. Verter sémola utilizando recipientes pequeños encima de una bandeja (favorecer la autonomía)

Foto 36. Pasar un aspirador pequeño (favorecer la autonomía)

Foto 37. Regar una planta de interior

Foto 38. Rastrillar y recoger hojas en otoño

Foto 39. Observar y cuidar a un animal

niéndole un sentido, es una auténtica comunicación. Tenemos el reflejo de repetir al menos una vez lo que le decimos al niño. Esta repetición le permite integrar bien el lenguaje.

Debido a que se lo considera desde el nacimiento como un ser de lenguaje, el bebé puede hablar unos meses más tarde. El niño construye su lenguaje en la relación con el otro. El lenguaje no se enseña, se desarrolla.

Un entorno que se adapta al niño y adapta el niño al entorno

Preparar el entorno para el niño representa hacerlo evolucionar en función de todas las etapas de su desarrollo. El objetivo de esta preparación evolutiva de la casa es que el niño esté siempre a gusto en su desarrollo personal. Queremos que se sienta «en casa» y no como un intruso en un mundo de adultos. Cuando crece en un espacio adaptado, desarrolla la confianza en sí mismo y la autonomía.

Al principio de su vida, el bebé está en una simbiosis tal con sus padres que comparte muy a menudo su habitación. Esto le permite sentirse tranquilo si es necesario y también tranquiliza a los padres, a la vez que les permite cuidar del bebé sin cansarse demasiado desplazándose de una habitación a otra. Por lo tanto, en un primer tiempo, el espacio personal del bebé se reduce a su cama.

LA CAMA

- **El *topponcino***

  Al nacer, ofrezcámosle un nidito envolvente. El niño siente sus límites y esto le recuerda los del vientre de su madre. Se siente contenido, como en el seno materno. Maria Montessori recomendaba el uso de lo que llamaba un *topponcino*, es decir, un pequeño colchón de unos 40 por 55 centímetros, forrado de un tejido absorbente o sedoso en el que se pueda colocar al niño. Este pequeño colchón flexible se adapta a la forma del cuerpo del niño a la vez que le ofrece un soporte firme para que la cabeza y la espalda estén sujetas. Esto permite desplazarlo con esta base, lo cual le confiere una gran sensación de seguridad. De esta forma, se manipula con la mayor delicadeza, pero también con la mayor constancia. El *topponcino* puede instalarse en la cuna, en una cama grande o en el cambiador. El bebé también puede utilizarlo durante las comidas. En cualquier circunstancia, el niño se siente protegido por este espacio personal, donde el olor y la temperatura son constantes y tranquilizadores. El *topponcino*, u otra mantita envolvente, acompaña al pequeño a todas partes durante las tres primeras semanas. Lo acostumbramos progresivamente a estar en la cuna sin el *topponcino*, que puede sustituirse por un saquito clásico o un mono de su talla.

¿DORMIR SOLO O ACOMPAÑADO?

En cuanto a la edad en la que el bebé abandona el dormitorio de sus padres, no existen recetas universales, porque varía en función de los países y de una familia a otra. Dormir en la habitación de los padres no significa dormir en su cama. El bebé puede tener un espacio que no sea la cama de sus padres. Esto también es muy personal. Aunque es muy frecuente en algunos países, no lo es en Francia. Personalmente, pienso que es bueno tomar conciencia de que, como todo mamífero, el niño necesita dormir cerca de sus padres los primeros meses. Esto le da una gran seguridad, que le permite progresivamente no tener necesidad de esta cercanía. El niño no debe dormir demasiado tiempo con sus padres para no crear dependencias que impedirían, más tarde, la capacidad de ser feliz solo y de volver a dormirse solo al despertarse por la noche. La calidad del sueño de los padres también es muy importante. Si el bebé duerme en la cama de los padres, estos corren el riesgo de dormir peor por miedo a molestarlo. Cada uno debe encontrar su equilibrio entre la cercanía y la distancia.

Todo es una cuestión de equilibrio, pero cuanto más tarde ocupe el niño su habitación, más riesgo corre de que el cambio sea complicado. En mi caso, mis hijos dormían en su propia cuna, en nuestro dormitorio; pienso que es ideal de uno a dos meses y medio, según los casos. De vez en cuando, podía suceder que el bebé acabara la noche en mi cama, porque nos habíamos dormido mientras le daba de mamar, pero la mayoría de las veces el bebé volvía a su cama cerca de la mía para un sueño más tranquilo. Hacia los dos meses, la cama del bebé se trasladaba a su habitación, porque el alejamiento también permite no provocar, por el olfato, el despertar del bebé que, como todo mamífero, siente el olor de la leche de su madre... Durante el día, la cuna del bebé puede desplazarse sin alterar su sueño. En cambio, el bebé se siente acunado por la presencia de sus allegados. Más tarde, cuando su sueño se vuelve más frágil, hay que procurar colocarlo en su habitación para dormir.

- **La cuna**

  La propia cuna mide idealmente 45 por 85 centímetros para que el bebé no se sienta perdido en ella. Es bastante poco profunda para que el campo de visión del bebé sea lo más despejado posible, a la vez que se sienta seguro, evidentemente. El color interior es bastante neutro y suave. Puede instalarse una capota para tamizar la luz cuando es demasiado intensa, sobre todo al principio. Después, se utiliza cada vez menos, para ampliar la visibilidad. Las antiguas cunas se diseñaban profundas para que los niños estuvieran seguros cuando eran capaces de asomarse una vez mayorcitos, pero tienen el inconveniente de impedir la visión del niño y de aislarlo, de manera que solo puede ver el techo y a las personas que se inclinan por encima de la cama. Es una lástima, puesto que el bebé aprende mucho siguiendo a las personas con la mirada. Si dispones de una cuna demasiado profunda, siempre puedes elevar provisionalmente el colchón con una espuma cortada a la medida. La cuna suele utilizarse hasta los 6 o 9 meses, en función del tamaño y la movilidad del bebé.

- **La cama baja**

Después de la cuna, el bebé duerme en una cama. A partir de los 2 años,[17] para favorecer la libertad de movimiento, Maria Montessori sugería utilizar una cama cuadrada que permitiera al niño elegir su posición y, sobre todo, una cama baja, como un colchón en el suelo. Esto permite al niño salir de ella, no caerse y no estar detrás de unos barrotes. Cuando se despierta, se favorece el movimiento, así como la exploración. Maria Montessori hablaba de la cama de barrotes como de una «herejía», que era un obstáculo para el desarrollo intelectual de los niños, ¡sobre todo porque los forzaba a dormir con demasiada frecuencia y durante demasiado tiempo!

En cambio, la cama baja que recomendaba permite al niño explorar en cuanto se despierta, pero también meterse en ella espontáneamente para descansar. Además, permite que el niño vea el mundo sin obstáculos visuales. De todos modos, esta fórmula ideal resulta bastante problemática en términos de vigilancia. Si se elige esta opción, es conveniente procurar que todo, en la habitación del bebé, sea perfectamente seguro: tomas eléctricas protegidas, ausencia de cables de lámpara de los que pueda tirar, ningún objeto pesado e inestable… La puerta debe estar siempre cerrada, sobre todo si hay escaleras en los alrededores… Estas

17. *The 1946 London Lectures, op. cit.*, cap. 18.

disposiciones no siempre resultan fáciles, en especial cuando el bebé tiene hermanos y hermanas.

Personalmente, lo experimenté y lo aprecié mucho con mi hija mayor. Pero, con su hermano pequeño, que nació 2 años después, no quise colocar la cama en el suelo, porque compartía la habitación con su hermana y la puerta podía quedar abierta, cerca de la escalera. Probé varios tipos de instalaciones con mis cinco hijos y la fórmula que finalmente me parece más adecuada cuando el bebé tiene hermanos es la utilización de una cuna de viaje con un buen colchón de al menos 11 centímetros, una cama cuyas paredes son transparentes gracias a una tela suave en nido de abeja y cuyo lado tiene una puerta con una cremallera. Esta cama permite ofrecer al bebé un espacio privado, cerca del suelo, seguro, con un excelente campo de visión y la posibilidad de entrar y salir de la cama cuando quiera si las circunstancias lo permiten. ¡Me parece una solución perfecta entre los 9 meses y los 2 años! El hecho de que esta cama sea una cuna de viaje permite ofrecer siempre el mismo espacio al niño, tanto en casa como de viaje. Un vez que el niño se ha acostumbrado a la cama abierta, la cama en el suelo puede sustituir a la cuna de viaje, idealmente hacia los 2 años.

LA HABITACIÓN

Intentemos, en la medida de lo posible, preparar la habitación del bebé antes de que nazca para estar totalmente disponibles cuando llegue. Optemos por unas paredes lisas adornadas solamente con algunas imágenes, para que el conjunto sea tranquilo. Es mejor colocar algunas decoraciones que destaquen bien que una sobrecarga de información difícil de interpretar. Los estudios científicos han demostrado que la sobriedad visual beneficia el desarrollo de la concentración y la inteligencia, así que nos equivocaríamos si no lo hiciéramos así. Preparemos un lugar tranquilo, refinado y estético donde todo se elija, se cuide y se coloque a la altura adecuada para el bebé. El hecho de que haya pocos objetos también hace más fácil guardarlos, lo cual es esencial cuando conocemos su importancia para el buen desarrollo del niño. El bebé absorbe el ambiente que reina en su habitación. Repito el *leitmotiv:* **¡simplificar el universo del niño!**

Para que la habitación sea adecuada tanto para la vigilia como para el reposo, en la medida de lo posible, **tenemos que distinguir varias zonas: una para el sueño, una para la vigilia y una para los cuidados.** Al organizarlas, pensemos en lo que el niño verá de estas zonas. Intentemos ponernos en su lugar al diseñarlas. Por ejemplo, cuando elijamos el lugar en el que colocaremos la cama, preguntémonos lo que verá el niño cuando se duerma y cuando se despierte. Queremos que vea alguna cosa tranquila para que se duerma y alguna cosa interesante cuando se despierte. Cuidemos también el lugar de la fuente de luz natural.

En la zona de actividades, coloquemos una alfombra, como un futón, donde el niño pueda desarrollar progresivamente su motricidad, a su ritmo. El niño pasará mucho tiempo observando lo que lo rodea. Coloquemos cerca una pequeña estantería en la que se dispongan los primeros juegos del bebé, que le ofreceremos alternativamente. Cuando crezca, se arrastrará para alcanzarlos. Esto estimulará su motricidad. Yo había colocado una pecera con dos peces, uno rojo y otro naranja: mi hijo los observaba y los seguía con la mirada con un inmenso interés y una intensa concentración. ¡Un móvil natural excepcional!

Al lado de esta alfombra, podemos colgar un espejo bastante grande para que el niño pueda verse entero. Este espejo colocado horizontalmente le permite descubrirse, reconocerse, hacerse mímica y jugar con su propia imagen, y lo invita a arrastrarse hacia su reflejo. Esto participa en su toma de conciencia individual. Más tarde, este espejo colocado verticalmente le permitirá verse en toda su altura, lo cual lo ayudará a vestirse solo y lo incitará a cuidar de sí mismo, a comprobar que su cara esté limpia, que su peinado sea correcto y que su ropa esté bien colocada. Esto favorece su autonomía.

Coloquemos también uno o varios estantes en los que se encuentren los diferentes objetos y juguetes que ofrecemos al niño. Más tarde, podemos disponer pequeñas bandejas y cajas con actividades. Es mejor guardar los juegos en cajas en lugar de en cofres, porque estos incitan a meterlo todo de cualquier manera. Coloquemos estas cajas, fácilmente reconocibles (gracias a una foto, un dibujo o una pegatina), de manera que el niño pueda llegar a ellas. El principio es que todo sea accesible para favorecer su autonomía. Es una buena idea no exponer todos los juegos y alternarlos de vez en cuando para suscitar el interés. Cuando organicemos una rotación de juguetes, por supuesto debemos dejar las actividades preferidas del momento.

Otros elementos importantes de la habitación del niño: un lugar blando para leer cómodamente, constituido por un sillón, un puf o una banqueta. La idea es crear un espacio atractivo y propicio para los momentos tranquilos que el niño pasará solo con un libro o con un adulto que le lee un libro o le cuenta una historia. También es un lugar de intercambio propicio para la conversación, un lugar donde es agradable estar.

Por supuesto, incluye una pequeña biblioteca o unos estantes con algunos libros adecuados para la edad del niño. También en este caso, procuremos que sean accesibles y estén en buenas condiciones.

También podemos intentar que los cuadros y los espejos de la habitación del niño estén fijados a una altura que le permita disfrutar de ellos. Lo mismo ocurre con los percheros, los armarios para ropa y los estantes, que conviene colocar a la altura adecuada para que sean accesibles. Queremos que el niño pueda hacer el máximo de cosas por sí solo. Colguemos fotos de familia, del bebé y, de forma ideal, un árbol genealógico con fotos que ayuden al bebé a localizarse en la familia. Más tarde, podemos colocar un calendario anual con una página por mes o un calendario lineal, es decir, un cartel alargado que represente el año de manera longitudinal, con un pequeño casillero para cada día. Podemos anotar en él los acontecimientos importantes del año para que el niño pueda tener referencias cada vez más claras (las estaciones del año, los cumpleaños, las fiestas esenciales, los fines de semana, etcétera).

Puede reservarse un rincón a las actividades artísticas. Deberá estar protegido de las manchas y de eventuales caídas de pinceles mojados... Pero, ante todo, es importante enseñar al niño a guardar lo que saca y a lavarlo, si es necesario, después de haberlo utilizado para conservar el material.

EL CUARTO DE BAÑO

La higiene es un momento privilegiado entre el niño y la persona que se ocupa de él, sobre todo cuando el bebé está confiado porque se lo manipula con suavidad y calma. Esto requiere una cierta organización. Procuremos tener siempre todos los objetos que necesitaremos al alcance de la mano antes de empezar a bañarlo. Lo ideal es preparar de antemano la ropa que se colocará al bebé después del baño para evitar los momentos de incomodidad, las corrientes de aire y las inquietudes si hay que elegirla con el bebé en los brazos, porque es inimaginable dejarlo solo ni siquiera un segundo sobre el cambiador. Cuidemos la temperatura del agua y de la habitación. En pocas palabras, velemos por la comodidad del bebé para que el baño y la higiene sean un momento tranquilizador, una ocasión de intercambios ricos e íntimos que construyan una relación llena de amor. El contacto físico alimenta al bebé, que hace muy poco todavía vivía desnudo en una burbuja cálida. El baño es la ocasión de saborear un momento de voluptuosidad. No hay nada como un masaje, una caricia y, sobre todo, una buena conversación y una mirada intensa. Hablemos al bebé de todos nuestros movimientos, describamos los cuidados que le prodigamos, anunciemos los que seguirán e impliquémoslo, en la medida de lo posible, en las acciones. Al utilizar un vocabulario preciso, transmitimos, además del amor, mucho lenguaje al niño y lo guiamos hacia la autonomía. Para ello, preveamos bastante tiempo para estar relajados y transmitir esta sensación de relajación mediante movimientos suaves y envolventes. También de esta manera transmitimos al bebé el placer del instante presente y de la relación.

Con el tiempo, el baño se convierte en un momento de placer fraternal y puede tomarse con un miembro de la familia. Existen equipos con ventosas como tumbonas y anillas de baño que permiten al bebé quedarse largo tiempo en el agua para jugar con toda seguridad bajo la vigilancia de un familiar, sin que este se canse o se lesione la espalda sujetándolo. Esto permite prolongar el baño, que dura unos minutos al inicio de la vida, hasta convertirse en un largo momento de alegría diaria que relaja y prepara para la tranquilidad de la noche.

Más tarde, podemos preparar un rincón de higiene con acceso a una esponja, jabón, toalla y dentífrico, cepillo de dientes y vaso para enjuagarse. Existen en el comercio conjuntos de cepillos de dientes evolutivos con cepillos adaptados a dientes de todas las edades del bebé. También podemos colocar un pequeño reloj de arena para incitar al niño a no cepillarse los dientes demasiado deprisa. De esta manera, le mostramos la manera correcta de hacer las cosas desde la más tierna edad. Podemos disponerlo todo de manera bonita en un pequeño estante atractivo para incitar al uso.

Procuremos que el lavabo sea accesible con un pequeño taburete o un peldaño. Este puede evolucionar en función de la estatura del niño. También se puede utilizar para subir a la bañera. En cuanto al lavabo, si realmente no es de fácil acceso, puede disponerse un pequeño espacio de higiene por medio de un barreño en un estante o una mesa pequeña. Podemos colocar un pequeño espejo a la altura del niño, ¡también desplazándolo a medida que crezca!

EL RESTO DE LA CASA

Puede disponerse a la entrada de la vivienda un banco o un taburete a la altura adecuada para que el niño pueda instalarse bien para calzarse y descalzarse. Pensemos también que debe llegar a su perchero para favorecer su autonomía cuando entre o salga de casa.

En la cocina, no vale la pena transformarlo todo, pero un accesorio es indispensable cuando camina de forma segura: el taburete o peldaño. Permite al niño acceder a la superficie de trabajo, el fregadero, etcétera. Debemos estar muy atentos en esta habitación: es bueno presentar explícitamente al niño todos los peligros potenciales y ponerlo en guardia de manera repetida.

En el mejor de los mundos, la silla evoluciona con el niño, de manera que siempre tenga un buen asiento y que los pies se posen en el suelo en lugar de bailar en el vacío. La mesa ideal debe tener un tamaño ajustado al de la silla. Por otra parte, existen algunas marcas de mobiliario evolutivo. Algunos muebles permiten ajustar la altura de la silla a las circunstancias para que el bebé pueda estar a la altura de una mesa pequeña o de una mesa para adulto, cuando está a la mesa con nosotros.

Los niños pueden disponer de un pequeño neceser de limpieza. De manera general, debemos invitar a los niños a ser responsables: limpiar lo que ensucien, hacerse la cama, doblar su ropa, elegirla, evaluar si están sucios o no, separar la ropa blanca de la ropa de color, pasar la esponja, recoger lo que han tirado, tirar a la basura...

Nunca se insistirá bastante sobre la importancia de las actividades de la vida práctica. Movilizan toda la capacidad de concentración y de organización del niño. Además, favorecen la confianza en sí mismo del niño, porque lo hacen independiente, «capaz de» y orgulloso de serlo. Así que dejemos que el niño descubra y explore la casa para que crezca en ella y se sienta cien por cien a gusto.

Si tenemos la suerte de disponer de un espacio exterior (balcón, jardín), no olvidemos colocar elementos propicios para que el niño pueda aprovechar el lugar, para jugar, pero también para cuidarlo, ocuparse de él y, por supuesto, ¡para plantar o sembrar!

Un entorno que se adapta al ritmo y las necesidades del niño

LA ALIMENTACIÓN

- **La comida es un momento de relación**
  Es una ocasión de reunirse. En el caso del lactante, es un acercamiento intenso. El cuerpo del bebé y el de la persona que lo alimenta están en contacto durante la lactancia o la toma del biberón. Esta relación alimenta tanto como la leche. El pequeño necesita una persona bien presente y disponible. El biberón permite que otras personas diferentes de la madre alimenten al bebé y tiene ventajas para ella, además, es una ocasión de entrar en relación con el bebé para una tercera persona en el momento sagrado de la comida. Porque se teje un vínculo estrecho entre el recién nacido y la persona que lo alimenta. Sobre todo en el caso de la lactancia materna, que establece una gran intimidad física entre los dos seres. Pero el alma también se alimenta en este momento. El pequeño se nutre de la mirada y el rostro inclinado hacia él, sumerge sus ojos en los de quien lo alimenta. Siente los latidos de su corazón. Se alimenta de leche, sí, pero también de una sensación de bienestar y de relajación. El nacimiento del placer social y del gusto por la comida en buena compañía caracteriza a los seres humanos. El buen ambiente alrededor de una mesa durante la comida permite compartir tanto las palabras como la comida. Al crecer y pasar a alimentarse con la cuchara, al niño pequeño le gusta tan-

to la relación durante las comidas como cuando bebía leche. También le gusta participar en la preparación de los platos, le encanta tanto como la propia comida.

- **La lactancia**

  La leche materna tiene unas virtudes extraordinarias. En las primeras horas, no se trata de leche, sino de calostro, muy rico, pero sin materia grasa. Después, la leche se adapta a las necesidades del bebé, a lo largo de las tomas, y se vuelve cada vez más grasa a medida que el bebé lo necesita y es capaz de digerirla. También es el mejor alimento para luchar contra las alergias. Otra ventaja de la lactancia es que permite que el niño sea más activo durante las comidas, puesto que es él el que mama, el que se alimenta. Y hasta la saciedad, en función de sus necesidades reales. No bebe nunca demasiado ni demasiado poco, lo cual favorece a largo plazo una excelente relación con la alimentación. Gracias a la lactancia a demanda en las primeras semanas, el niño se autorregula de forma natural y rápida.

- **El destete**

  Después, llega el momento del destete. Según la doctora Montanaro, no hay que separar el camino hacia la independencia biológica del de la independencia psicológica. En otras palabras, el momento del destete llega cuando salen los dientes, se producen nuevos ácidos en el estómago del bebé que hacen posible la digestión de alimentos sólidos, la concentración de hierro de la madre que da de mamar disminuye justamente en este momento, el niño se aguanta sentado y quiere cambiar de postura durante las comidas, se endereza, gatea y le gusta explorar lejos de su madre; son signos exteriores que muestran que está listo para separarse. Ha llegado el momento del destete. No es problemático cuando es el niño el que elige el día. Es lo que sucedió con cada uno de mis cinco hijos. Una mañana, dejaron de querer leche materna y esto sucedió a edades variables, entre los 9 y los 13 meses, lo cual demuestra que, cuando es espontáneo, no hay una edad precisa para el destete.

- **Alimentar con cuchara**

  Tanto si se trata de un destete de leche materna como de leche maternizada, cuando empezamos a diversificar, es mejor utilizar una cuchara en lugar de darle sopas o papillas con el biberón. Si es posible, hay que reservar el biberón para la leche. Ha llegado, pues, el momento de las comidas con cuchara. Se establece una nueva relación, también muy divertida. En un primer momento, podemos utilizar una cuchara pequeña o una que sea flexible. Después, mucho más tarde, se introducen progresivamente otros utensilios: el tenedor pequeño y el cuchillo de punta redonda. No es necesario que el vaso sea un vaso con pico, al contrario, puesto que está en la mesa. Cuando el niño tenga ganas de comer solo, aceptémoslo. A menudo tenemos tendencia a negárselo porque ensucia y hace perder tiempo. Pero si el niño tiene este impulso, es mejor seguirlo. Con frecuencia, los mismos niños a los que hemos negado la posibilidad de comer solos demasiado temprano son los que se niegan a hacerlo solos más tarde ¡y a los que tenemos que dar de comer a los 3 años! Hay montones de trucos para que el niño no ensucie demasiado durante el corto periodo en que ensucia cuando come solo: proteger el suelo y la mesa si es necesario, ponerle un babero con mangas o con una pequeña cubeta que recupere lo que se cae, colocar el plato sobre una bandeja o utilizar platos con ventosas. Si no disponemos de mucho tiempo, para ahorrarlo, también podemos utilizar dos cucharas: una que utiliza el niño a su ritmo y otra que utilizamos nosotros para darle de comer en los intervalos. Esta etapa es necesaria en el aprendizaje de la autonomía y la confianza en sí mismo, por lo tanto, estos pequeños inconvenientes de limpieza son insignificantes.

«Es una misión importante para una madre, que requiere mucha paciencia y amor; la madre tiene que alimentar el cuerpo y la mente al mismo tiempo, sabiendo que la mente debe ser prioritaria. Es necesario que, momentáneamente, deje de lado sus ideas –sin duda muy loables– en materia de limpieza, porque, en este caso concreto, son de una importancia totalmente secundaria. El niño que empieza a comer solo no sabe hacerlo bien y ensucia mucho. Sacrifiquemos, pues, la limpieza en favor de su impulso legítimo hacia la actividad.»[18]

- **La comida alimenta el cuerpo y el alma**
  La comida debe ser equilibrada en el aspecto nutritivo, es cierto, pero también equilibradora desde el punto de vista afectivo. No olvidemos su dimensión amistosa y social. Es esencial que no se convierta en un momento de conflicto. El niño sabe bien si tiene hambre, lo siente. Es sano que se alimente proporcionalmente a su apetito. Forzar a los niños a acabarse la comida cuando no han elegido el tamaño de su ración no es conveniente. Es mejor procurar servir la comida al niño en función de su apetito o dejar que se sirva. Es muy negativo tirar la comida. Así que más vale servirle poco, aunque tenga que repetir, que malgastar lo que el niño realmente no quiere terminarse. Obligarlo a terminarse la comida por principio es un reflejo para algunos, pero ¿en qué se basa este principio aparte de en la costumbre de haber oído esta frase cuando éramos pequeños? Acabarse la comida no es una cuestión de moral. La situación en los países donde el hambre hace estragos no cambiará en nada si el niño se termina su comida. En cambio, corre el riesgo de perder el reflejo natural de comer solo según su apetito, lo cual puede tener grandes consecuencias sobre su peso a largo plazo.

18. *El niño en familia, op. cit.*

Lo importante es conservar y saber reconocer la sensación de saciedad. Y esto vale también para la leche del biberón. ¿Por qué un niño de tal edad tiene que beber necesariamente tantos mililitros? Respetemos el apetito del niño como respetamos el nuestro. Esto evita transformar las comidas, que deben ser momentos de intercambio y de recuperación tranquilos, en una lucha de poder ¡y a veces incluso en un suplicio! Una vez oí a alguien decirle a un niño que, si no terminaba, lo obligaría a tragar tapándole la nariz para que abriera la boca... No lleguemos a esto. Procuremos que las comidas no se transformen en un duelo. De lo contrario, tanto el niño como el adulto terminarán por temerlas.

Evitemos también mantener al niño como rehén a base de: «¡No te moverás hasta que te lo hayas terminado!». ¿Por qué angustiarse si un niño a veces come poco? Existen todo tipo de apetitos: pequeños y grandes, y el nuestro no es universal. Tanto más cuanto que el apetito fluctúa. Respetemos el de los niños. La relación con la alimentación debe considerarse con precaución. Muchas personas desarrollan trastornos de la alimentación cuando esta relación se vuelve dolorosa. Procuremos que sea tranquila.

En cambio, es conveniente que el niño pruebe todo lo que se le ofrece. Expliquémosle que tiene derecho a que no le guste, pero que debe probarlo. En efecto, no puede saber si un alimento le gusta sin haberlo probado. También se le puede explicar que, a fuerza de probar un alimento, aprenderá a apreciarlo y que al crecer se valoran cada vez más los sabores. Respetemos los gustos de los niños. ¿Forzaríamos a un amigo invitado a cenar en casa a terminarse la comida? Si queremos que nuestro hijo aprecie una amplia variedad de sabores, empleemos la seducción en lugar de la fuerza y, sobre todo, respetemos su ritmo. Lo ideal para que tenga ganas de variar de sabores es que nos observe comer alimentos variados.

EL SUEÑO

La calidad del sueño es esencial para el buen desarrollo del niño. Dormir bien permite tener buena salud física, intelectual y psíquica. La calidad del sueño es tan importante como su cantidad. Mientras duerme, el niño pequeño se construye. Interioriza todas las informaciones almacenadas durante las horas de vigilia y se recarga de energía.

Acompañar el sueño de un niño debe hacerse con simplicidad, confiando en su capacidad de regularse. Guiémoslo con ternura, flexibilidad y una pizca de firmeza, pero sin presión ni inquietud. Hay que confiar en la evolución del niño, que tiene relación con su propio esquema de maduración cerebral. Por lo tanto, no existe una edad para dormir toda la noche ni una edad para hacer una o dos siestas durante el día. Se observan tendencias. No hay ni recetas ni métodos, sino un ritmo propio de cada niño. Podemos estimular las buenas costumbres, pero no podemos imponer nada en este ámbito.

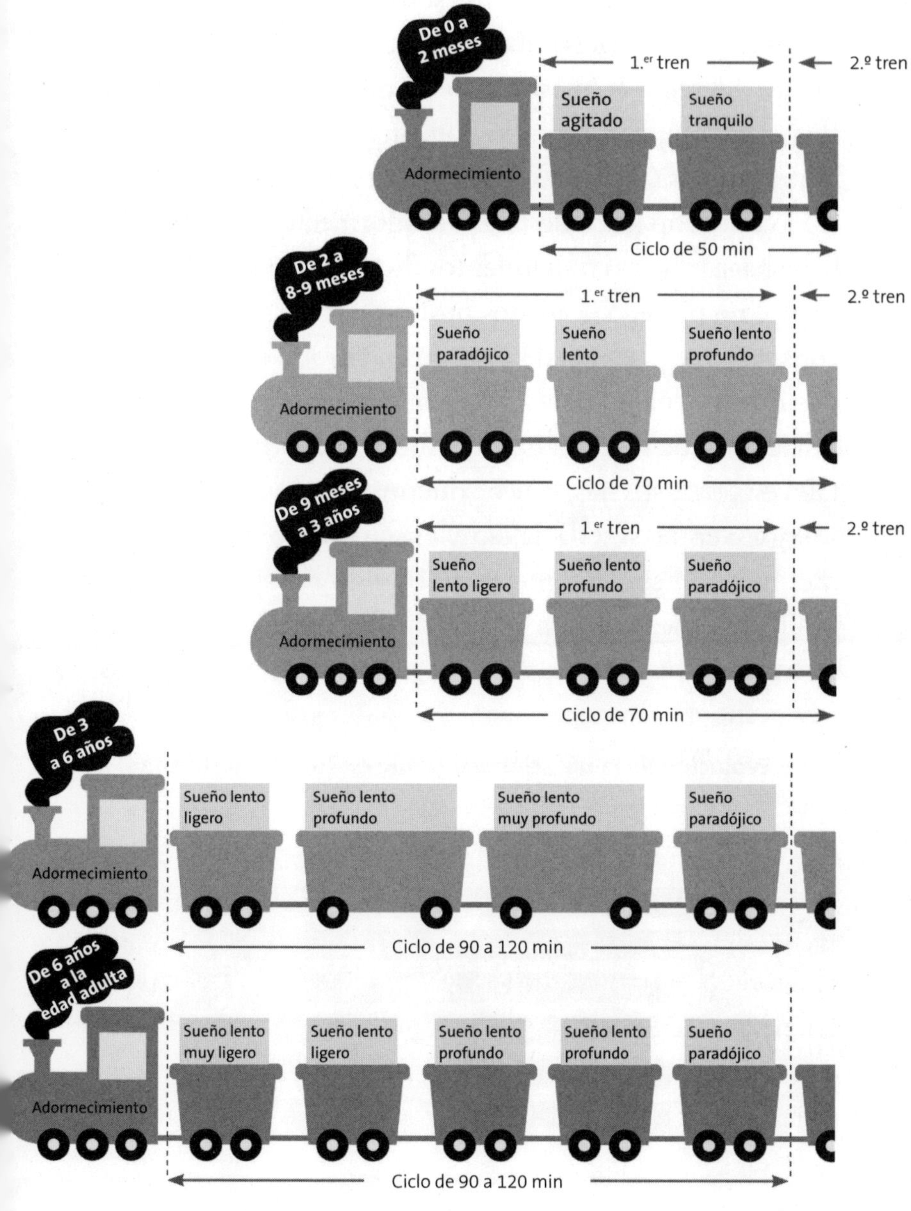

De 0 a 2 meses
1.er tren
2.º tren
Adormecimiento
Sueño agitado
Sueño tranquilo
Ciclo de 50 min
De 2 a 8-9 meses
1.er tren
2.º tren
Adormecimiento
Sueño paradójico
Sueño lento
Sueño lento profundo
Ciclo de 70 min
De 9 meses a 3 años
1.er tren
2.º tren
Adormecimiento
Sueño lento ligero
Sueño lento profundo
Sueño paradójico
Ciclo de 70 min
De 3 a 6 años
Adormecimiento
Sueño lento ligero
Sueño lento profundo
Sueño lento muy profundo
Sueño paradójico
Ciclo de 90 a 120 min
De 6 años a la edad adulta
Adormecimiento
Sueño lento muy ligero
Sueño lento ligero
Sueño lento profundo
Sueño lento profundo
Sueño paradójico
Ciclo de 90 a 120 min

Los primeros meses, adaptémonos al ritmo del niño en lugar de intentar adaptarlo al nuestro. Durante los dos primeros meses de vida, el lactante tiene un tipo de sueño que es totalmente diferente al nuestro, puesto que entra directamente en sueño paradójico profundo con sueños y una agitación aparente. No pasa, como un niño mayor o un adulto, por un periodo de sueño lento después del adormecimiento. Aunque el bebé haga muchos movimientos durante esta primera fase del sueño, no por ello es menos profundo. Este sueño lo ayuda a construirse y es esencial preservarlo. Porque el sueño paradójico desempeña un papel en la organización cerebral. Le sigue un periodo de sueño tranquilo. Si sus necesidades fundamentales están satisfechas, el bebé duerme tranquilamente, se siente seguro como si todavía estuviera en el seno materno. El primer mes, el bebé duerme entre 16 y 20 horas cada 24 horas, indiferentemente de día y de noche. Entre la cuarta y la octava semana, en función de su peso, su estómago y su desarrollo,

Evolución de la duración del sueño en función de la edad

tomará poco a poco conciencia del ritmo circadiano y dormirá más tiempo de noche. El pulso, la temperatura, la tensión, todo el metabolismo del pequeño cambia por la noche en este momento, independientemente de la manera en que lo alimentemos. No depende de una costumbre creada artificialmente. El bebé espacia de forma natural y progresiva las comidas de la noche. Alrededor de los dos meses y cuando pesa unos 5 kilos, el bebé empieza a dormir noches enteras. Es el momento en que la mayoría pasan de seis a cinco comidas cada 24 horas, o quizá cuatro, de forma natural, incluso los niños amamantados. Pero no hay que preocuparse si no ocurre así, puede ser demasiado pronto para este niño.

REGLAS SIMPLES PARA AYUDAR AL BEBÉ A DORMIR BIEN

- Seguir el ritmo natural del niño al principio de su vida e incitarlo progresivamente a hacer siestas regulares, una por la mañana y otra por la tarde. A su ritmo, suprimirá la de la mañana, a una edad muy variable según los niños.
- Observar y conocer las necesidades específicas del niño y tenerlas en cuenta. Hay grandes y pequeños dormilones, pero la mayoría de los niños necesitan acostarse bastante temprano para dormirse fácilmente.
- En la medida de lo posible, no despertar nunca a un niño que duerme, sobre todo durante las tres primeras semanas de vida. Con excepciones, evidentemente, en caso de niños que tengan graves problemas de salud que requieran cuidados médicos.

- Instaurar una pequeña rutina tranquilizadora y simpática antes de acostarlos, pero sin que sea sistemática para que ningún elemento de esta rutina se vuelva indispensable, porque esto puede crear dependencias que alteren al niño a largo plazo en lugar de darle confianza. Es importante instaurar un clima de relajación alrededor del adormecimiento, sin idea de deber. Las pequeñas frases «Buena siesta, hasta pronto» y «Buenas noches, hasta mañana» permiten al niño identificar claramente si se trata de la siesta o de la noche. Si está inquieto, recordemos al niño que lo queremos mucho, incluso cuando duerme. Debemos decírselo a menudo. Podemos ofrecerle un objeto que tenga el olor de su padre o su madre, lo cual contribuirá a tranquilizarlo, o un peluche (comúnmente llamado «objeto transicional» por los profesionales de la primera infancia), incluso varios, para que no se apegue demasiado exclusivamente a uno solo. La idea es que este objeto no sea indispensable. Evitemos todo lo que mantenga despierto al niño (demasiadas canciones, los móviles demasiado estimulantes con luces eléctricas y sonidos demasiado fuertes o movimientos a motor). Si evitamos las sistematizaciones, resistiremos la creación de dependencias. Finalmente, procuremos marcar bien la diferencia de comportamiento entre las comidas y los cambios de pañales que tienen lugar de día y los que se realizan por la noche, para ayudar al niño a establecer la distinción. Para ello, debemos estar extremadamente tranquilos por la noche, susurremos y evitemos encender las luces.
- Familiarizar al bebé con su cama y evitar que se acostumbre a dormirse solo en los brazos o en nuestra presencia, o incluso mientras bebe. Procuremos no llegar corriendo

en cuanto emita el menor ruido de despertar... Démosle la oportunidad de volver a dormirse y relajémonos.

- Conocer los ciclos del sueño del niño (cf. los dos esquemas anteriores) para preservarlo mejor. No saber reconocer las fases de sueño agitado del chiquitín, no respetarlo, puede producir trastornos del adormecimiento o del sueño, incluso a largo plazo. Entorpecer el ritmo natural del sueño del niño pequeño es retrasar el momento en que se adaptará a un ritmo regular. Un niño cansado a menudo tiene un aspecto excitado. Saber reconocer este signo de agotamiento permite responder mejor a su necesidad de dormir. El bebé puede tener necesidad de llorar unos minutos, pero es muy importante dejar que se adormezca. Si queremos mecer demasiado a un niño para ayudarlo a dormir, a veces conseguimos lo contrario al mantenerlo despierto. Recordemos la expresión de Maria Montessori: «La ayuda inútil es un obstáculo». En otras palabras, la ayuda inútil molesta en lugar de ayudar. Intentar dormir a un niño a veces puede impedirle conciliar el sueño.

EL *POTTY TRAINING*

Utilizo voluntariamente el término inglés *potty training* en lugar de hablar de «no ensuciarse» porque me interrogo regularmente sobre el uso de esta palabra, aunque a veces también la utilizo. En efecto, hablar de no ensuciarse implica que el niño que lleva pañales es sucio. Sin embargo, no es así. Los padres deciden ponerle pañales, que retienen las materias contra la piel, pero él no ha pedido nada. Me sorprendió mucho constatar que la mayoría de los niños de China no llevan pañales, sino un pantaloncito con una abertura que les permite hacer sus necesidades en cualquier lugar sin ensuciarse nunca. Es juicioso. En cambio, en nuestros países, hemos adquirido la costumbre de aprisionar las materias contra la piel del bebé, en pañales perfectamente herméticos que cambiamos con demasiada poca frecuencia, lo cual habitúa a los niños a una sensación que debe ser muy desagradable. No estoy condenando los pañales, que por otra parte me parecen muy prácticos, pero pienso que es importante ser conscientes de dos cosas.

- La elección de los pañales bio o reciclables (de tela) es una opción juiciosa.
- Es importante sensibilizar al niño a que haga sus necesidades en un orinal; se lo podemos proponer muy temprano de manera que forme parte de la vida corriente.

Podemos colocar el orinal en la habitación del niño e invitarlo progresiva y regularmente a pasar en él un momento relajado, conversando, jugando con un objeto o leyendo un libro; por otra parte, existen muchos libros sobre este tema. Hagámoslo sin poner cara de «esperar un resultado» y un buen día el niño nos dará una sorpresa. Alegrémonos entonces y felicitemos al niño con entusiasmo. Esto lo anima a repetir. Impliquémoslo en la limpieza del orinal e invitémoslo a tirar el contenido. Está contento de actuar como una persona mayor, le gusta mucho imitar. Y aprecia también estar cada vez más a menudo seco. Se desencadena un engranaje positivo. Cuando el niño sea bastante regular, podemos empezar a proponerle dejar de usar el pañal, sobre todo cuando está en casa. Por supuesto, esto resulta más fácil en verano, pero no retengamos a un niño que está dispuesto a quitarse los pañales en invierno explicándole que no nos va bien.

En cuanto se sostiene en pie, podemos empezar a cambiar al niño de pie, implicándolo al máximo. No es raro que los niños sensibilizados de esta manera dejen de necesitar pañales entre los 18 meses y los 2 años. Algunos ya no los necesitan ni de día ni tampoco de noche, otros siguen un proceso en dos tiempos. Pero ¿acaso no se debe al fin y al cabo a los padres el hecho de ponerle pañales por la noche, porque les preocupa tener que cambiar las sábanas demasiado a menudo? Existen protectores cuadrados suaves y gruesos para evitar tener que cambiar toda la cama. Cuando el niño sea mayor, incluso le permiten poder ser autónomo en mitad de la noche en caso de accidente.

Lo esencial es seguir el ritmo del niño cuando esté listo, porque corresponde a una etapa del desarrollo de su cerebro. Uno de mis hijos me lo hizo comprender claramente quitándose él mismo los pañales que yo le ponía. Después de tres o cuatro veces, lo comprendí y «fue limpio» tanto de día como de noche en una semana a los 18 meses. Él fue quien me explicó su necesidad. Algunos quizá lo habrían regañado y le habrían vuelto a poner el pañal, pero yo había observado que se quejaba cuando estaba sucio. Unos indicios que indicaban que estaba preparado. También en este caso existe una palabra clave: observación. Y, por supuesto, el respeto del ritmo del niño, la verbalización, los ánimos, la ausencia total de exigencias y de reprimendas sobre el tema ¡y una buena dosis de paciencia!

Cuando el niño ya no lleva pañales, es mejor no volver atrás, excepto si él mismo lo desea. Procuremos que la ropa sea práctica, evitando los petos, por ejemplo, y optando por las bragas pañal, que son muy fáciles de poner, de bajar y de volver a colocar. Constituyen una buena etapa hacia la auténtica ropa interior. En cualquier caso, no se trata de convertirlo en una cuestión de orgullo ni de comodidad de los padres. Es necesario que el niño tenga la madurez suficiente desde el punto de vista físico (control de la musculatura del esfínter), intelectual y afectivo. Por supuesto, existen casos en los que las cosas son más complicadas, porque dependen de un problema médico o psicológico, pero a veces se debe a la torpeza de los padres, que han querido ir demasiado deprisa en el aprendizaje de ir al baño solo. Se habla de enuresis a partir de los 4 años y entonces es mejor consultar a un especialista. Recomiendo a los que tienen hijos con dificultades la lectura del capítulo dedicado a la enuresis del libro *Transmettre l'amour*,[19] del pediatra P. Lemoine.

Un entorno tranquilizador y lúdico

Adaptar el entorno es también suprimir los obstáculos para el desarrollo. «Es necesario, antes de proceder a cualquier intento de educación, establecer en el ambiente las condi-

19. Nouvelle Cité, 2007.

ciones más favorables para la eclosión de las características normales profundas. Para conseguir este ambiente favorable, basta con alejar los obstáculos, este es el primer paso que hay que dar, sentar las propias bases de la educación.»[20] El principal obstáculo para el desarrollo es la interrupción de la actividad ordenada, de lo que hemos hablado ampliamente antes. Protejamos el proceso de desarrollo del potencial humano. El niño se perfecciona manipulando, así que dejemos que manipule espontáneamente.

Alejar los obstáculos es también procurar no ofrecer demasiados estímulos a la vez. Intentemos organizar los requerimientos sensoriales que ofrecemos al niño. Para ello, es conveniente ofrecerle un espacio que aumentaremos a medida que lo necesitemos. En un primer tiempo, la limitación de espacio permite al niño orientarse en él y tener una representación mental de este. Se orienta y explora con toda seguridad.

Por las mismas razones, evitemos ofrecerle demasiados juegos o actividades a la vez. Limitemos la cantidad, porque sabemos que demasiado material crea confusión y no favorece la autonomía del niño. La abundancia de actividades incluso puede retrasar sus progresos.

JUGAR SIN JUGUETES

Jugar no implica a la fuerza hacerlo con juguetes propiamente dichos. Aunque había algunos fantásticos en la primera escuela de Maria Montessori, constató rápidamente que los

20. *El niño, op. cit.*, p. 129.

niños los abandonaban en provecho de objetos reales y de situaciones de la vida corriente que, contrariamente a lo que ocurría en su casa, no se les negaban. Maria Montessori pensaba que el niño recurre al juguete por falta de algo mejor y se contenta con él solo cuando no tiene nada más, pero que aspira siempre a ocupaciones más elevadas, es decir, constructivas, si tiene la posibilidad. Si se contenta con un juguete es quizá porque «el adulto [...] solo deja al niño libre en sus juegos e incluso solamente con sus juguetes», escribía Maria Montessori en *El niño*.

> «El adulto [...] solo deja al niño libre en sus juegos e incluso solamente con sus juguetes.»
>
> Maria Montessori, *El niño*

Sin embargo, el niño se siente sobre todo atraído por lo que le permite adaptarse al mundo. Necesita algo «verdadero». Hasta los 3 años, el niño tiene ganas sobre todo de conectarse con lo real para comprender el mundo. Mucho más tarde querrá divertirse.

Maria Montessori escribía: «En lugar de medios para desarrollar su inteligencia, se le dan juguetes sin interés. Quiere tocarlo todo, pero se le dejan tocar ciertas cosas y se le prohíben las demás [...], es bien sabido que el niño quiere copiar el trabajo de los adultos, pero, en respuesta, se le dan cosas con las que no puede trabajar. ¡Nos reímos de él! [...] El juguete ha adquirido tanta importancia que la gente cree que es una ayuda para la inteligencia; sin duda, es mucho mejor que nada, pero existe un hecho significativo, que el niño se cansa deprisa de un juguete y quiere uno nuevo. Lo rompe a propósito, lo cual se interpreta como que le gusta desmontar las cosas y destruirlas; pero esto es un carácter artificialmente adquirido debido a que no tiene los objetos adecuados para manipular. Los niños manifiestan poco interés por estas cosas porque lo real está ausente de ellas».[21]

Propongamos al niño hacer cosas que hacemos nosotros y hacerlas de verdad, con objetos adaptados a sus capacidades, como platos pequeños rompibles, en lugar de proponerse una imitación con una cocinita de plástico. Al niño le gusta «sumergirse en la realidad», que le interesa y lo guía hacia la concentración y la construcción intelectual. Tiene sed de explorar lo que lo rodea. Cada espacio tiene su atractivo y nuestra mirada benevolente lo protege contra los peligros. Aunque estableciendo ciertos límites relacionados con la seguridad y la higiene, no lo privemos de su entusiasmo por descubrir el universo.

Por otra parte, no cultivemos en el niño el gusto exagerado por coleccionar objetos, porque su atención puede desviarse de la actividad que lo construye psíquicamente. Su energía se desvía. Utiliza entonces todas sus fuerzas para obtener más cosas, hasta el punto de convertirse en un niño mimado y de no disfrutarlas en cuanto las posee.

21. *Educar para un nuevo mundo*, Montessori-Pierson Publishing Company, 2014.

Es un deseo de poder. Según Maria Montessori, «casi todas las desviaciones morales son consecuencia de este primer paso, que debe decidir entre el amor (*ndlr*: por la acción) y la posesión».[22]

No limitemos a los niños a los juguetes, porque tenemos tendencia a mandarlos a jugar cuando nos parece que están demasiado «detrás de nosotros» en un momento en que estamos atareados, cuando ellos sueñan justamente con participar en la verdadera vida. ¡Su gran objetivo es ser autónomos, no divertirse todo el tiempo! Estemos atentos a no cortar las alas del impulso gozoso y espontáneo que empuja al niño a actuar en su medio real siendo verdaderamente útil. Intenta hacer esfuerzos y ejercitarse. No le pidamos que vuelva a sus juguetes, no lo mandemos a un mundo irreal e imaginario. Demos al niño el derecho de ejercitarse y de realizar actividades de verdad. De lo contrario, corre el riesgo de multiplicar las tonterías y los enfurruñamientos, de sentirse triste, de somatizar y, a muy largo plazo, de sufrir trastornos.

El niño se pasa la vida jugando, pero se trata para él de una cosa seria, no de una diversión. Mientras que el adulto juega para distraerse y para olvidar las preocupaciones de la realidad, el niño juega para anclarse en la realidad y adaptarse a ella. Si procuramos no oponer el juego al trabajo cuando nos dirigimos al niño, lo ayudamos a conservar el gusto por el esfuerzo y la actividad. Jugar es aprender, buscar, emitir

22. *El niño, op. cit.*, cap. 32.

hipótesis, verificarlas... Nuestra sociedad ha adquirido la costumbre de oponer los conceptos de placer y trabajo, lo cual es lamentable y debemos reaccionar en contra de ello. El niño no tiene ganas de huir de la realidad y de abstraerse de ella; al contrario, aspira a trabajar y aprender para ser cada vez más autónomo. Propongámosle, pues, juegos que lo ayuden, que tengan un sentido.

Por supuesto, esto no impide valorar los juegos y los juguetes, mientras que no sea lo único que se ofrece al niño. Los juegos han evolucionado mucho desde la época de Maria Montessori y actualmente se dispone de muchos de calidad, pedagógicos, a la vez que conservan un aspecto estético y mágico. Todo es una cuestión de cantidad y de calidad, ¡en otras palabras, una cuestión de elección! Y elegir es responsabilidad nuestra.

ELEGIR LOS JUGUETES

Elijamos los juguetes, porque la sociedad de consumo ofrece juegos sofisticados que no siempre tienen en cuenta las necesidades reales del niño. Algunos carecen de interés y están diseñados para atraer a los padres. La mayoría de los juegos para niños muy pequeños son demasiado estimulantes, puesto que ofrecen todo en uno y nos encontramos con tres vacas azules en un círculo, junto a cinco mariposas rosas con alas en forma de triángulo. Todos los conceptos están mezclados, a menudo se abordan al mismo tiempo los colores, las formas, las cantidades, los tamaños... Es así con muchos juguetes y libros diseñados para los niños pequeños.

Sin embargo, es un momento en que el niño necesita tener objetos identificables y conceptos aislados.

En la medida de lo posible, seleccionemos material sensorial, bonito, que tenga un objetivo claro y no demasiados objetivos, materiales de calidad. Procuremos también no acumular demasiados juguetes. Entrar en una habitación sobrecargada de juguetes es como llegar a una tienda demasiado cargada, puede desanimar. Nada atrae la atención, todo está sumergido en la masa. Nos sentimos más atraídos por una tienda ordenada en la que las cosas se realzan que por un galimatías o unos estantes demasiado cargados.

LAS FUNCIONES DEL JUEGO

Cuando elijamos un juego, recordemos el objetivo del juego, es decir, sus funciones:

- favorecer el desarrollo de la concentración;
- coordinar los movimientos (motricidad global y fina);
- adaptarse al mundo y encaminarse hacia la autonomía;
- desarrollar los sentidos;
- comprender los conceptos;
- crear e imaginar;
- saber seguir reglas, cooperar;
- divertirse, por supuesto;
- cultivar la alegría.

Preparemos la organización de los juegos disponiéndolos con cuidado. Organicemos rotaciones, porque algunos juegos dejados de lado pueden resultar interesantes más tarde. Pero también podemos intercambiar juguetes o dar algunos. Podemos elegir con el niño los que está dispuesto a dar. Es también una manera de aprender a compartir desde la más tierna edad.

CONCEDER EL LUGAR ADECUADO A LA IMAGINACIÓN

La diferencia entre lo verdadero y lo falso, entre lo real y lo imaginario no siempre es evidente para el niño, que acumula percepciones de todo tipo. Sin embargo, es una condición indispensable para su buen desarrollo. Por eso, es conveniente procurar que tenga una buena percepción de la realidad. Por lo tanto, es importante esperar que esta se encuentre bien anclada antes de introducir historias imaginarias.

Nuestra cultura multiplica las historias rocambolescas y siempre las presenta como historias para niños. Pero se trata claramente de historias de personas mayores inventadas por adultos. Es cierto que los niños inventan historias imaginarias y las aprecian, pero a menudo lo hacen porque los hemos impregnado de esta atmósfera. Hemos desarrollado en ellos una inclinación por lo extraordinario. Pero, en un primer tiempo, instintivamente, el niño se siente ante todo atraído por lo real.

El pequeñín se interesa por lo concreto. Es verdad que lo fantástico lo hará soñar cuando sea mayor, pero ¡dejemos que se impregne de la realidad! Hay muchos niños que tienen auténticas dificultades para diferenciar unas cosas de otras y que confunden los dos universos. Estos niños pueden tener problemas debido a esta permeabilidad entre lo real y lo virtual. Incluso pueden confundir lo que ocurre con lo que imaginan que ocurre… La realidad debe percibirse bien, es esencial. Así que debemos procurar no introducir las historias imaginarias demasiado temprano.

Elijamos, en un primer tiempo, historias y libros que describan el universo del niño y su vida cotidiana con situaciones concretas y realistas. Por las mismas razones, es mejor preferir los libros cuyos personajes sean seres humanos, en lugar de animales que viven como los seres humanos. Por otra parte, existen libros magníficos que presentan a los animales en su entorno natural. Una vez que el niño esté bien enraizado en la realidad, podrá enfrentarse a libros que humanizan a los animales y que son tan frecuentes en la literatura infantil.

Más tarde todavía, una vez que tenga una percepción lúcida del mundo, el niño podrá apreciar los cuentos sin tenerles miedo. Estos son importantes, porque forman parte de nuestro patrimonio cultural, pero no fueron creados originariamente para los niños. Con frecuencia asustan y pueden producir ansiedad.

De la misma manera, podemos preguntarnos sobre la necesidad de creer realmente en Papá Noel, en el ratoncito Pérez o el hada de los dientes... Es cierto que son historias que gustan a los pequeños –y sobre todo a los mayores–, pero si aseguramos a los niños que son historias verdaderas, les mentimos. Es para soñar, es para divertirse, dicen algunos, pero ¿quién se divierte? Sobre todo los que lo cuentan. El niño no siempre disfruta realmente con esta creencia. En cambio, altera su percepción de la realidad. Un buen día, cuando se da cuenta de que es una leyenda, puede sentirse decepcionado. A veces, se miente a sí mismo para continuar creyendo, porque darse cuenta de que le han dicho una mentira lo entristece. No es tanto el hecho de que no exista Papá Noel lo que lo trastorna, sino el hecho de renunciar a algo en lo que creía, en lo que lo habían hecho creer. Esto altera su confianza en la percepción del mundo.

Porque, después de todo, quizá haya muchas otras cosas que parecen ciertas y que no lo son. El niño también puede sentirse traicionado por los adultos, que le han enmascarado la verdad y le han contado historias. Puede sentirse la víctima de una superchería. Aunque no siempre es tan dramático, por qué no presentar a los niños estas costumbres como bonitas historias imaginarias contadas con motivo de hechos muy reales: la costumbre de ofrecer regalos en Navidad y monedas cuando se caen los primeros dientes… No olvidemos que estos dientes se caen alrededor de la edad de la razón, así que no la trastornemos.

«Se produce una disminución de la inteligencia [...] cuando esta huye hacia el mundo de las ilusiones, pero también cuando es reprimida o apagada por el desánimo.»
Maria Montessori, *El niño*

Ayudar al niño a tener una buena representación de la realidad es una cuestión de respeto que le debemos. Imagina que te enseñan una lengua errónea cuando te mudas a un país extranjero cuya cultura no conoces...

Maria Montessori pensaba que las ilusiones frustradas y el desánimo acumulado disminuyen el desarrollo de la inteligencia, que son como «barreras psíquicas», «cortinas que descienden ante la mente del niño».[23] Pensaba que los niños a los que se obliga a obedecer haciéndoles creer en mentiras para asustarlos (lobo, monstruo, hombre del saco, etcétera) desarrollan miedos subconscientes. En cambio, estar bien anclado en la realidad permite al niño reemplazar sus miedos por la prudencia.

No se trata de un alegato contra la imaginación, ya que es una herramienta valiosa que permite representar lo que no se conoce. Se trata de poner en guardia contra la utilización abusiva o demasiado precoz de la imaginación fantástica.

CONFIAR, EL MEJOR DE LOS REGALOS

PARA FAVORECER LA CONFIANZA

Amar es confiar. No es necesario poner todos los objetos de la casa a mayor altura (aparte de los que son extremadamente frágiles o peligrosos). Es mejor nombrar estos objetos al niño y explicarle para qué sirven, si puede utilizarlos y, en caso afirmativo, enseñarle cómo, de manera simple, con movimientos precisos. Es como si se le hiciera una «presenta-

23. *El niño, op. cit.*, cap. 29.

ción» a la manera de un educador Montessori que muestra una nueva actividad. Es una manera de dar las reglas de la casa y su modo de empleo al niño. Después, puede evolucionar con confianza. Con una confianza doble: la que tenemos en él y la que esto le proporciona, una confianza en sí mismo. ¡Es más tranquilizador que estar aparcado en una zona sin peligro considerando que el resto de la casa, y del mundo, es una fuente de riesgos imprudentes!

El uso del parque a veces es necesario, pero no debe convertirse en una costumbre, en una solución fácil para poner al niño en una jaula, ¡sin posibilidad de molestar y también de aprender! Arrinconar al niño con demasiada frecuencia o demasiado tiempo en un parque es decirle inconscientemente que el mundo es peligroso, inaccesible para él y que no tiene acceso a él. Yo no lo he utilizado para ninguno de mis hijos y no por ello han estado en peligro. Sin duda, toma más tiempo, pero es una buena inversión. Las barreras para escaleras tampoco deben impedirnos dejar a nuestros hijos que se ejerciten en ellas bajo vigilancia. Es un aprendizaje necesario que requiere tiempo y que puede vivirse de forma totalmente natural, como un juego, como si se estuviera en un parque en una estructura de juego. Tengamos paciencia, acompañemos al niño en la escalera, peldaño a peldaño, conteniéndolo con la mirada, estando preparados para sujetarlo si es necesario, pero sin que se dé cuenta. Es mejor mostrar a los niños de dónde vienen los peligros y explicarles cómo evitarlos que protegerlos sin que sean conscientes de ello (protector de enchufe, protector de esquinas de la mesa baja, etcétera). Se trata de sensibilizar ante el peligro a la vez que se confía en ellos.

Por ejemplo, cuando un niño sube escaleras sin cesar, es que se encuentra en el periodo sensible del movimiento, explora y se ejercita. Si se trata de movimientos desordenados y agitados, invitémoslo a realizar una actividad minuciosa, pero si es una actividad que tiene un objetivo, respetémosla. En lugar de interrumpirlo poniéndolo en guardia o prohibiéndoselo, observémoslo. Quizá lo hace muy bien. Podemos protegerlo vigilándolo, sin impedir que lleve a cabo su ambicioso proyecto. Él tiene confianza, confiemos en él. Está superándose y ganando autoestima. Rechaza los límites de sus posibilidades: «¡Soy capaz, lo consigo, me gusta subir escaleras!». ¿Cuántas veces el grito angustiado de un adulto al descubrir a un niño subiendo le hace perder la confianza? ¡Y caerse! Sobre todo cuando el adulto exclama con convicción: «¡Te vas a caer!». Toma tiempo observar a un niño actuar en lugar de impedírselo, supuestamente para protegerlo, es cierto. **Pero el tiempo que dedicamos a un niño es el mejor regalo.** Estar disponible para los hijos no es correr para acompañarlos de una actividad a otra ni proponerles una pantalla de televisión para que estén tranquilos porque están pasivos. Estar presente es estar presente en la relación. Así que, cuando tengamos tiempo de dar tiempo, no dejemos pasar la oportunidad.

La misión de los padres es velar por la seguridad del niño. Pero, a veces, para garantizar su seguridad, se perjudica su seguridad interior. Y esta es esencial. Los adultos, a pesar de su buena voluntad y sus esfuerzos, a veces tienen una influencia negativa sobre el niño y rompen su seguridad interior. La acumulación de pequeñas «heridas», los impedimentos para actuar, para arriesgarse, para terminar una actividad o expresar una idea son obstáculos para su correcto desarrollo. Indican una falta de respeto por el niño. Esta manera que tiene el adulto de mostrar que es superior hace bajar inexorablemente la confianza en sí mismo del niño. Se siente inferior, impotente, incapaz. Por no hablar de frasecitas como: «Solo eres un niño…», «Eres demasiado pequeño para…», «No puedes…».

Debemos aceptar la motricidad del niño e intentar favorecerla. Si se cae, en lugar de regañarle, ¿por qué no animarlo y ayudarlo a volver a empezar? Siempre es mejor devolver la confianza al niño. No decirle que nunca más se volverá a confiar en él u otra fórmula de este tipo, porque esto le hace perder la esperanza de progreso y lo desaprueba.

De la misma manera, cuando un niño hace algo mal, conviene describir la característica errónea de su acción en lugar de decirle que es malo. «Lo que has hecho es inaceptable» no tiene el mismo valor negativo que: «¡Eres malo!». Esta formulación encierra al niño en una mala actitud y le atribuye un defecto a largo plazo. De manera general, conviene describir el comportamiento que no nos gusta en lugar de criticar directamente al niño con frases que comportan el pronombre «tú», porque se dice que «el tú mata»; en otras palabras, la crítica repetida destruye. El mejor medio de desarrollar la confianza del niño es confiar en él y escucharlo, respetando su actividad autónoma. Proponerle oportunidades de tener éxito, expresarle nuestro orgullo y favorecer su independencia sin intervenir demasiado son medios de desarrollar su propia estima.

> «El adulto está convencido de corregir los defectos del niño, pero me gustaría que quedara claro que es perfectamente inútil corregir defectos que desaparecerán por sí mismos en la edad adulta [...].»
>
> Maria Montessori, *El niño en familia*

El niño pequeño aprende actuando y no escuchando lo que se le enseña. Limitemos las prohibiciones y preparemos previamente un entorno favorable. Luchemos contra los complejos de inferioridad que se instalan durante la infancia y que pueden durar toda la vida. El niño que se siente amado de manera incondicional, tal como es, tiene confianza en sí mismo. Para sentirse bien con uno mismo, hay que aceptarse y, para ello, es necesario sentirse aceptado, ¡incluso cuando no se es perfecto! También hay que reconocer que no se puede gustar a todo el mundo.

Propongamos al niño actividades estimulantes

Elijamos actividades con un objetivo definido, que comprometan al niño y respondan a sus necesidades de movimiento, desarrollo sensorial, lenguaje y desarrollo social. Seleccionemos para ello objetos específicos, para desarrollar puntos concretos. Cada actividad aísla un parámetro: o bien las formas, o bien los colores, una sensación... Los objetos que ofrecemos al pequeño no se consideran pasatiempos fútiles, ni herramientas académicas, sino ayudas al desarrollo natural. Los objetivos propuestos estimulan las sensibilidades interiores y naturales del bebé, así como su interés y, por ello, su concentración.

A continuación, se encuentra una lista de objetos y actividades que se utilizan en el enfoque montessoriano para los chiquitines, pero quiero precisar que no se trata de «hacerlas» todas, ni de coleccionar o comprar todos estos objetos. Es una lista de ideas que no es ni exhaustiva ni indispensable. Se trata de emplear lo que tenemos alrededor, de utilizar nuestra creatividad y nuestra imaginación para interactuar con el niño y proponerle ayudas adecuadas, fáciles, atractivas y accesibles. Lo más importante es el estado de ánimo y la mirada que dirigimos al niño: observarlo, no limitar demasiado su espacio ni su libertad de movimiento. Aceptar que crece e invitarlo a colaborar. Lo importante es que pueda decir con alegría: «¡Puedo hacerlo!». Confiar en uno mismo es saber que se es capaz de actuar sobre el entorno de manera libre. Tener autoestima es sentirse útil. Por lo tanto, la lista siguiente no es una receta de cocina, es una fuente de inspiración. ¡El secreto es integrar al niño en la vida social y luchar contra los «No hagas esto», los «No toques esto» y la búsqueda de rendimiento!

La manera en que abordemos estas actividades con los niños es más importante que la propia actividad. La proponemos y la presentamos, como haríamos con un regalo: preparándolo previamente, dándolo lo más amablemente posible, observando al niño cuando lo recibe y lo utiliza. Hacemos una «presentación», es decir, mostramos con cuidado cómo utilizamos el juego, marcando las etapas, con un inicio y un final en el lugar donde se guarda. Idealmente, hacemos presentaciones de material en momentos en que estamos totalmente disponibles, asegurándonos de que el niño lo esté también. Permitimos que el niño se muestre activo en la elección del juego, el lugar donde va a hacerlo y, en la medida de lo posible, el tiempo que pasará con él. Hacemos movimientos lentos y precisos, y cuidamos la elección de las palabras que empleamos. Después dejamos que el niño explore a su manera. Finalmente, observamos mucho. La observación es importante para adaptar continuamente el entorno a las necesidades evolutivas del niño que crece. Observar nos permite saber cuándo introducir nuevas actividades. Hagámonos regularmente las preguntas: ¿el niño explora? ¿Centra la atención? ¿Repite la actividad? ¿Se concentra?

Todas estas actividades son ocasiones de relación, cooperación y despertar de la curiosidad y de la actividad. Son puntos de partida, no metas en sí mismas ni objetivos de competencias que deben adquirirse. Ante todo, son fuentes de alegría. Sigamos al niño con benevolencia, porque él es el que marca el ritmo.

Para estimular la vista

LOS MÓVILES

En el enfoque montessoriano, concedemos una gran importancia a los móviles, que son los primeros objetos que ofrecemos a los más pequeños (a las 3 semanas), porque el primer sentido que tiene que desarrollar es el de la vista. Insistimos en la importancia de los «móviles inmóviles» cuando el niño es pequeño, es decir, de los móviles sin motor, que tienen un movimiento natural. Existen cuatro móviles que presentamos sucesivamente al niño (cf. los patrones p. 205).

- **El móvil de Munari.** Está formado por tres barritas paralelas de las que cuelgan motivos geométricos blancos y negros y una bola transparente que refleja la luz. Todo ello forma un conjunto armonioso y ligero que capta la atención del bebé y estimula el gusto natural que este tiene por el orden.
- **El móvil de Gobbi.** Se le ofrece hacia los 3 meses y medio. Presenta al niño los matices de colores de un mismo tono: verde, azul, rojo u otro. Está compuesto de cinco a siete bolas brillantes, generalmente hechas de bobinas de hilo de seda para captar la luz.
- **El móvil de los bailarines,** que se presenta hacia los 4 meses, está formado por colgantes de papel brillante que representan cuatro bailarines que tienen distintas partes del cuerpo en movimiento.

- **El móvil de los octaedros** le sigue hacia los 5 meses. Se compone de tres sólidos geométricos de colores primarios (azul, rojo y amarillo).

Describo aquí las versiones «oficiales». Pero, por supuesto, podemos fabricarlos nosotros mismos, tomarlos como idea, pero seguir nuestra inspiración y utilizar lo que tengamos. Podemos crear todo tipo de móviles simples y únicos. Dejemos vía libre a nuestra creatividad, procurando seguir las etapas: blanco y negro, matices de colores, colores primarios y después movimiento. También podemos utilizar materiales muy diversos: pluma, piña de pino u otro objeto natural inspirador.

LOS OBJETOS COLGADOS

Hacia los 3 meses y medio, observar objetos colgados permite al bebé ejercitar la concentración e incluso la prensión. Puede tratarse de cascabeles, anillas, sonajeros o de cualquier juguete, siempre que sea atractivo, simple y seguro. Colocado a la distancia adecuada, permite al bebé observar e intentar atraparlo. Los objetos que emiten un sonido cuando el niño los toca estimulan más su actividad y favorecen la toma de conciencia de la relación causa-efecto. Los objetos colgados también pueden colocarse de manera que el niño los alcance con los pies, lo cual estimula el ejercicio de las piernas.

LOS OBJETOS Y ACTIVIDADES RELACIONADOS CON LA VISTA

- Observar plantas, flores y seres vivos.
- Mirar obras de arte e imágenes. ¿Por qué mostrar al niño solo «imágenes para niños»?, ¿colores y formas simplificadas? También merecen estar expuestos a lo que es bello, a las obras de arte que trascienden nuestra vida. Se puede disponer fácilmente de un pequeño atril en el que hacer girar reproducciones de cuadros.
- Jugar al escondite detrás de las manos que se abren y se cierran como cortinas de teatro, a los 4 meses. Más tarde, se puede divertir con los cambios de expresión (trabajo sobre la permanencia del objeto). Hacia los 18 meses, al niño le gusta mucho jugar al escondite ocultándose él mismo, detrás de las cortinas, de una puerta, una manta... Puede quedarse largo tiempo en su escondite, feliz de ser invisible. Es muy divertido observar que al principio cree que no lo vemos en cuanto él deja de ver al que lo busca. Se puede hacer el mismo juego con un fular y objetos (trabajo sobre la permanencia del objeto).
- Seleccionar objetos por color.
- Seleccionar objetos por tamaño.
- Seleccionar objetos por temas.
- Encontrar lo más esto o lo más aquello: juego de superlativos.
- Asociar objetos de color a una carta de colores.
- Observar en la calle o en coche: «¿Quién ve un coche rojo?».

- Observar gracias al juego de «el veoveo» algo que es esto o aquello…
- Observar botellas pequeñas de agua recicladas con líquidos de diferentes colores.

Para estimular el oído

- ¡Hablar, hablar, hablar, verbalizar, poner en palabras, conversar!
- Reconocer los sonidos de la vida cotidiana.
- Dar nombre a lo que se oye a lo lejos para sensibilizar al bebé sobre los ruidos lejanos y los ruidos de fondo.
- Invitarlo a escuchar el silencio.
- Jugar a susurrar.
- Provocar un sonido y jugar con los pequeños ruidos. Invitar al niño a hacer ruidos, aunque a menudo lo hace de manera muy espontánea.
- Escuchar cancioncillas, nanas, canciones, música, etcétera.
- Reconocer sonidos (ruidos de animales, efectos sonoros…).
- Jugar al juego de «mi orejita oye» alguna cosa que...
- Hacer pequeños juegos de ritmo con chasquidos de lengua, golpeteo de los dedos sobre madera, tejido…
- Manipular instrumentos simples.
- Sacudir pequeñas botellas de agua recicladas para hacer maracas o frascos de yogur vacíos colgados con semillas en el interior. O también palos de lluvia de fabricación casera con cajas recicladas.

Para estimular el tacto

- Tocar materiales diferentes (distinguirlos, asociarlos, emparejarlos): cuadrados de tejido, cojines pequeños, peluches, cintas, materiales naturales como guijarros…
- Manipular un sonajero mordedor.
- Esconder un objeto en una bolsa de misterios, donde el niño mete la mano para adivinar lo que es.
- Apreciar la suavidad de un peluche.
- Jugar al juego de «mi manita siente» alguna cosa que...
- Desplazarse por un pequeño recorrido de motricidad sensorial. Organizar un pequeño circuito compuesto de tejido, diferentes materiales, piel de oveja, pizarra, cartón, colchón… Se camina descalzo y se siente lo suave, lo áspero, lo frío, lo blando…

Para estimular el gusto y el olfato

- Introducir nuevos alimentos regularmente, si es posible de manera aislada, es decir, sin mezclar todos los sabores para que el niño pueda diferenciar bien los gustos.
- Variar los menús.
- Hablar de los sabores y sensibilizar al pequeño verbalmente.
- Sensibilizar al niño en los olores invitándolo regularmente a oler una flor, un alimento o una bebida. Verbalizar los olores, nombrarlos y describirlos. Recordarlos cuando no estén presentes.

Para favorecer la construcción del movimiento

MOTRICIDAD FINA

- Los sonajeros: se proponen juguetes ligeros. Se procura elegir materiales por su limpieza, su cantidad y su facilidad de prensión. Se proponen también sonajeros con los que el bebé pueda realizar alguna acción, por ejemplo, perlas grandes móviles en una varilla que hacen un pequeño movimiento o un ruidito. Hacia los 7 meses, se pueden proponer sonajeros fáciles de pasar de una mano a otra, como el sonajero de doble disco.
- Cascabeles colgados de una cinta.
- Una anilla y una cinta.
- Los cilindros, cubos o esferas con un cascabel en el interior.
- Las pelotas de prensión, pelotitas fáciles de manipular.
- Las pelotas de juegos malabares, pelotitas y bolsitas de tela. Al bebé le gusta mucho que se las pongan en la cabeza e intenta atraparlas o no dejarlas caer.
- Meter objetos en pequeños cestos por temas (objetos seleccionados por forma, por color, por familia, etcétera).
- Las cajas para abrir y cerrar.
- Los objetos para ocultar en cajas.
- Las cajas encajables o las muñecas rusas.
- Las anillas en varilla de base móvil para facilitar la manipulación.
- Las anillas en varilla de base fija.
- Las cajas para encajar: se trata de una serie de cajas con un agujero en la parte superior que permite al niño insertar

un objeto que tiene la forma del agujero y recuperarlo. Idealmente, hay una caja para cada forma. Estas cajas permiten trabajar el concepto de permanencia del objeto, además de desarrollar la destreza, la habilidad y la coordinación ojo/mano.

- Los bloques para apilar.
- Rompecabezas para encajar. Una forma cada vez.
- Rompecabezas con grandes botones de prensión.
- Utilizar rompecabezas con botones de prensión cada vez más pequeños.
- Rompecabezas con piezas imantadas que se cogen gracias a una especie de caña de pescar.
- Abrir una caja con tapa corrediza.
- Poner un huevo de madera en una huevera.
- Insertar una ficha de madera en una hucha que el niño pueda abrir fácilmente.
- Ensartar varias fichas en una hendidura.
- Ensartar objetos en varillas. En una varilla vertical y después en una varilla horizontal. Al principio, los objetos que se ensartan son todos idénticos, después son de tamaños o colores diferentes.
- Ensartar perlas grandes en un hilo grueso.
- Meter pequeños objetos en un bol (por ejemplo, botones, alubias, lentejas…).
- Meter objetos en cajones.
- Manipular sólidos geométricos.
- Jugar con la llave y la cerradura de un mueble bajo.
- Abrir y cerrar armarios a su altura, colocar en ellos todo tipo de tesoros.

- Abrir y cerrar pestillos o cerrojos.
- Fabricar una torre.
- Pintar, garabatear, dibujar, colorear.
- Manipular pasta para modelar.
- Insertar palillos en los agujeritos de un frasco de finas hierbas reciclado.
- Utilizar un embudo y verter un líquido en un recipiente.
- Crear composiciones naturales.
- Seleccionar todo tipo de objetos.
- Ensartar cubos en una varilla.
- Deslizar perlas en varillas.
- Ensartar discos en una varilla horizontal.
- Pegar pegatinas.
- Utilizar unas tijeras de borde redondo.

MOTRICIDAD GLOBAL

- Disponer de libertad de movimientos (gracias a ropas cómodas y espacios suficientemente amplios).
- Erguirse sujetándose a una barra de bailarina, llamada barra de braquiación. Se puede fabricar una con una barra sólida que puede colocarse delante de un espejo. También puede utilizarse un mueble bajo.
- Empujar un carrito de locomoción.
- Ejercitarse en las escaleras.
- Subir a una plataforma o a un taburete pequeño.
- Trepar por un camino de madera o por bloques de motricidad.
- Plataforma de escalador (escalerita con plataforma).

- Muro de escalada.
- Tirar de juguetes con ruedecitas.
- Desarrollar el equilibrio (caminar por el borde de la acera o por una línea en el suelo).
- Expresión corporal libre (con o sin música, baile con o sin fular).
- Caminar, caminar mucho, no sistematizar el uso del cochecito.
- Juego de bolos.
- Juego de la diana. Lanzar una pelota a una diana o a una cesta, por ejemplo.

> «El niño de 18 meses a 2 años es capaz de recorrer kilómetros. Puede franquear pasos difíciles y subir escaleras. Solo que camina con un objetivo diferente al nuestro. Nosotros caminamos para llegar a un objetivo exterior y vamos directos a ese objetivo. El niño camina para elaborar sus propias funciones. Por lo tanto, su objetivo es crearse a sí mismo. Es lento. Su ritmo todavía no se ha establecido, pero las cosas que lo rodean lo atraen. La ayuda que debería aportar el adulto sería, en este momento, renunciar a su propio ritmo y a sus propios objetivos.»
>
> Maria Montessori, *El niño*

Para favorecer la construcción del lenguaje

- Analizar sonidos. Aislar sonidos e invitar al niño a reproducirlos.
- Libros, libros y más libros.

- Dar nombre a los objetos de la vida cotidiana.
- Dar nombre a los alimentos.
- Dar nombre a series de objetos (frutas, juegos...).
- Asociar objetos a sus representaciones fotográficas.
- Emparejar objetos.
- Verbalizar las acciones de todos los días.
- Dar nombre a los objetos de las pequeñas cestas citadas anteriormente.
- Jugar con bolsas de misterios, es decir, bolsitas de tela en las que se ocultan objetos que el niño tiene que explorar sin verlos, con la yema de los dedos. Se puede tener una bolsa con objetos de la misma familia, otra con objetos muy diversos y otra con objetos duplicados.
- Tener un álbum de fotos con todos los familiares y amigos para poder hablar de ellos en su ausencia.
- Tener un árbol genealógico con fotos.
- Dar nombre a los animales y las familias de animales: la vaca, el toro, el ternero; el gallo, la gallina, el pollito...

LOS LIBROS

Para transmitir al niño el gusto por los libros, se los ofrecemos temprano. Se eligen libros sencillos y estéticos, atractivos, procurando que su contenido sea adecuado al desarrollo del niño. Para los más pequeños, son preferibles los libros que presentan temas, imágenes y conceptos claros seleccionados por familia. Se favorecen los libros que no pretenden presentarlo todo a la vez: los colores, las formas, los números. Hacia los 2 años, se eligen pequeñas historias de la vida cotidiana que permiten al niño comprender mejor su día a día e identificarse con el personaje. Se prefieren los personajes humanos sin antropomorfismo en un primer tiempo. La observación de estos libros da al niño referencias que le permiten organizar su pensamiento y estructurar su representación del tiempo y del espacio. Se eligen libros que ayuden a poner palabras a las experiencias que el niño acumula con el paso de los días: las buenas y las menos buenas. Se eligen historias simples, pero ricas en emociones. Se intenta no proponer cuentos e historias fantásticas demasiado temprano. Esto es muy importante también para los vídeos. Se intenta adaptar el libro como objeto al tamaño y la fuerza del niño. Se le muestra cómo se cuida ofreciéndole libros adecuados a su coordinación y a su motricidad, para que no se vea impulsado a estropearlos, con lo cual nos veremos tentados a quitárselos.

Por lo tanto, se eligen cuidadosamente libros:

- ✖ de espuma o de tela, flexible, a los 7 meses;
- ✖ de cartón a los 10 meses;
- ✖ en forma de libro-juego cuando se quiera;
- ✖ de papel grueso a los 18 meses;
- ✖ de papel con tapa de cartón después y finalmente de papel en todas sus formas y sin moderación. Basta con seguir la evolución del niño.

Se ofrecen los libros al niño en momentos de relajación y placer, se exploran. A los 20 meses, el momento de la lectura se convierte en un pequeño ritual muy apreciado por el niño. Se puede determinar de antemano el momento, la duración y el número de libros que se va a elegir. Con frecuencia hay un libro que al niño le gusta especialmente mirar y remirar. No hay que dudar en releerlo indefinidamente, mientras lo desee. El niño aprecia que no se cambie ni una coma. Esto le da una sensación de seguridad. También aprende implícitamente que un texto no cambia. El libro es un texto fijo, aunque la interpretación que se hace de él al leerlo y las conversaciones que provoca no lo sean. Pero también se puede, por supuesto, explotar las imágenes sin utilizar el texto. Incluso existen álbumes muy bonitos sin texto.

Se puede mostrar al niño cómo se transporta un libro, sujetándolo con firmeza para que no se estropee. Se le muestra y se le dice al niño hasta qué punto es importante cuidar los libros, porque son frágiles. Se le ponen ejemplos.

Para favorecer la autonomía

CUIDADO DE LA PERSONA

- Incitar al niño a participar cuando se viste, se desnuda y cuando se le cambia el pañal. Cuando se sostiene en pie, se lo invita a estar de pie en el momento del cambio de pañal y al vestirlo.
- Invitar al niño a participar en su higiene, a lavarse. Se lo implica por medio del lenguaje en un primer tiempo y después, más tarde, se lo incita concretamente a hacer movimientos activos que se acompañan de palabras. El niño a menudo tiene tendencia a repetir lo que se le dice en estos momentos.
- Entrenarse en abrir velcro, botones, automáticos y cre-

malleras, fuera de contexto, en ropa en desuso, fuera de los momentos en que se le viste, porque el entrenamiento es previo a la necesidad. Utilizar marcos con ojales, con velcro, con cremalleras, con botones o con automáticos.
- Guardar su ropa.
- Colocar su ropa en la cesta de la ropa sucia.
- Sentarse en el orinal, tirar el pañal, verbalizar estas acciones, vaciar el orinal…
- Cepillarse el cabello y los dientes «solo».
- Lavarse las manos «solo».
- Limpiarse la nariz «solo». En cuanto sea posible, se colocan los pañuelos a su disposición y se pone un pequeño cubo de basura al lado.
- Sonarse la nariz «solo».
- Lavarse la boca «solo».
- Limpiarse los pies al entrar o quitarse los zapatos.

CUIDADO DEL ENTORNO INTERIOR

- A los 10 meses, al bebé le gustan algunas tareas domésticas como pasar la esponja, limpiar la mesa...
- Desplazar un montón de ropa.
- Cuando sabe caminar, le gusta prestar pequeños servicios, que vive como pequeñas misiones: tirar alguna cosa al cubo de la basura, por ejemplo.
- Guardar objetos.
- Vaciar bolsas. Sacar la compra.
- Llevar objetos pesados. Manipular un objeto voluminoso.

- Participar en la cocina, colaborar.
- Pelar fruta y verdura.
- Cortar fruta (plátano) y verdura.
- Exprimir un cítrico.
- Untar una tostada.
- Escurrir una esponja.
- Verter: el niño se entrena primero con sémola en un recipiente grande. Después, utiliza recipientes pequeños encima de una bandeja. Verter de una jarra a otra (semillas, arroz, sémola y después agua).
- Trasvasar de un bol a otro con una cuchara o unas pinzas.
- Poner la mesa. Se puede ayudar al niño ofreciéndole un mantel individual en el que está dibujado el contorno de los utensilios utilizados, en el lugar correcto.
- Servirse agua o comida.
- Cortar, sujetar un cubierto o utilizar palillos en función del lugar en el que vive el niño.
- Quitar el polvo.
- Barrer o pasar un aspirador pequeño.
- Limpiar un cristal.
- Limpiar un espejo pequeño.
- Dar nombre a los objetos de la vida cotidiana.
- Regar una planta de interior, cuidarla y sacarle el polvo.
- Vaciar y llenar el lavavajillas.
- Tender ropa.
- Llenar la lavadora de ropa.
- Desplazar muebles.
- Transportar la silla o el taburete.

- Sentarse intentando hacer el menor ruido posible y viéndolo como un juego.
- Atornillar y desatornillar.
- Utilizar pinzas de tender ropa.
- Doblar telas pequeñas.
- Lavar los platos.

CUIDADO DEL ENTORNO EXTERIOR

- Rastrillar y recoger hojas en otoño.
- Sembrar semillas.
- Observar la naturaleza.
- Regar.
- Alimentar y cuidar de un animal.
- Observar a los animales.

TESTIMONIO SOBRE LAS ACTIVIDADES DE LA VIDA PRÁCTICA

Isabelle Sechaud, responsable del ISMM Lyon
(Instituto Superior Maria Montessori)

El niño pequeño necesita actuar en y sobre su entorno. Sabe que puede hacer cosas y utilizar bien sus fuerzas y su autonomía. El niño necesita que lo consideren como un colaborador, es decir, necesita participar con el adulto que lo acompaña en actividades que le permitan poner a prueba su cuerpo, hacer grandes esfuerzos y sentir que se reconocen sus capacidades. La autoestima y la confianza en sí mismo se afianzan en la posibilidad que tiene de actuar por y para sí mismo con la ayuda apropiada. La respuesta concreta a esta necesidad es la introducción de las actividades de la vida cotidiana que el niño puede apropiarse y repetir tan a menudo como quiera. Por ejemplo, en las comunidades infantiles, tiene a su disposición una bandeja con la actividad «lavarse las manos», que realizará porque suscita su interés y responde a sus necesidades de desarrollo. ¿Qué es lo que lo atrae? ¿Transportar agua? ¿Jugar con el agua? ¿Con el jabón? No importa, lo esencial es que tenga la oportunidad de efectuar una actividad que tenga un objetivo, de repetirla, de ejercitarse y de controlar cada vez mejor sus movimientos, de poner a prueba sus capacidades y la alegría de hacerlo solo y por sí mismo. Evidentemente, en el lavabo o antes de las comidas, el niño también se lavará las manos, pero el objetivo será entonces diferente, se tratará de una cuestión de higiene. Será mucho más fácil si ha podido ejercitarse fuera de contexto.

Ofrecemos al niño la oportunidad de efectuar realmente las actividades que se desprenden de la vida cotidiana y cultural con objetos reales adaptados a él. Lo implicamos lo más posible en las tareas relacionadas con la vida de cada día, como preparar la fruta para la comida, poner la mesa, regar las plantas, hacer pan... Para ello, es necesario descentrar poco a poco la actividad del adulto para poder centrarla en la necesidad de actuar de los niños. Porque los niños se expresan por sus acciones (vida práctica, dibujo, pintura, creación, juego).

Conviene recordar

El enfoque Montessori en casa es:

1. Una actitud
Somos conscientes de la importancia primordial de nuestra manera de estar con el niño. Lo observamos, lo acompañamos y le damos ejemplo encarnando lo que nos gustaría transmitirle. Velamos por la calidad de nuestra relación para transmitirle la paz.

2. Un entorno preparado
Preparamos un universo simple y tranquilo, adaptado a las necesidades y las tendencias del niño. Se trata de un entorno material y psicológicamente preparado para acompañar lo mejor posible al pequeño, en función de su desarrollo.

3. Actividades
Ofrecemos objetos, juegos y ocupaciones que son ayudas al desarrollo natural del niño y de su realización.

Para mimar la vida psíquica del niño pequeño, debemos recordar unas ideas clave:

- ✖ proteger al niño y cuidarlo;
- ✖ desempeñar un papel de filtro (ruido, luz, temperatura...);
- ✖ crear un nuevo apego > seguridad > confianza > sensación de unidad;
- ✖ ofrecer una estimulación equilibrada (ni demasiada, ni demasiado poca);
- ✖ considerar la concentración como algo sagrado;
- ✖ ayudar sin ayudar demasiado;
- ✖ observar al niño y seguirlo, respetando sus iniciativas;

- atribuir un pensamiento al niño;
- hablar, poner en palabras;
- liberar el movimiento y favorecer la coordinación;
- favorecer la elección libre de la actividad;
- conocer los periodos sensibles y las etapas del desarrollo;
- implicar al niño y cooperar con él;
- confiar y dar confianza;
- amar de manera incondicional;
- transmitir paz y alegría.

5. Montessori en estructura colectiva

La pedagogía Montessori para los niños menores de 3 años puede aplicarse en una estructura colectiva. Ocurre ya en numerosos establecimientos Montessori a través del mundo, que ofrecen estructuras de acogida y distribuyen a los niños en grupos de edad: de 3 meses a 18 meses en «nido» y desde la marcha segura hasta los 3 años en comunidad infantil.

Estas estructuras ponen el acento en la calidad de la relación, el orden y la preparación del espacio en diferentes áreas estructuradas y organizadas (un rincón de juego, un rincón para el cambio de pañales, uno para las comidas, una zona para dormir, un área propicia para el movimiento, un lugar para las reuniones y uno mullido para la lectura). Esta organización ayuda al niño a orientarse en el espacio, por supuesto, pero también en el tiempo, con el establecimiento de una cierta rutina. Por otra parte, todo se coloca para favorecer los movimientos libres y coordinados del niño y desarrollar su lenguaje. Otro punto esencial: la elección libre de la actividad. Los educadores y educadoras reciben al niño con una gran benevolencia y una gran flexibilidad, e intentan acompañar a cada niño individualmente, en sus impulsos de curiosidad personal y sus procesos de aprendizaje. El niño se considera como un explorador, cuya manera de investigar se respeta y se favorece. Por lo tanto, las actividades son lo menos dirigidas posible.

En la comunidad infantil, el niño pequeño está realmente implicado en las tareas de la vida cotidiana. Participa en acciones concretas y útiles, como preparar la merienda, cuidar el entorno, poner la mesa, etcétera. El grupo, incluidos los educadores, forma una comunidad. Los niños se respetan entre sí y tienen en cuenta, progresivamente, las necesidades de cada uno, porque sienten que sus propias necesidades se tienen en cuenta. Ofrecer un acompañamiento adecuado a las capacidades y las necesidades de cada uno, individualmente, es totalmente posible en una estructura colectiva.

Todavía existen pocas estructuras de este tipo en Francia, pero se están desarrollando. Las comunidades infantiles son más frecuentes que los nidos, pero actualmente existe un gran interés por el enfoque Montessori en muchos asistentes de maternidad y miniguarderías, y hay cada vez más estructuras de acogida colectiva del niño pequeño. Es el caso de ciertas guarderías, incluso en establecimientos públicos o municipales, a menudo por iniciativa de un director de establecimiento o un educador apasionado.

Pero, cuando se trata de integrar una estructura colectiva, Montessori o no, al principio hay que estar atento al periodo de adaptación. Las separaciones son etapas en la vida del niño pequeño y cuanto mejor se pasan, mejor se viven. El reto es importante, porque el ambiente de todas las separaciones futuras se juega en las primeras. Es primordial disponer de tiempo y preparar transiciones progresivas que tengan en cuenta las reacciones del niño, basándose en la observación de su comportamiento. Es bueno marcar etapas. Durante el periodo de adaptación, el niño pequeño adquiere progresivamente confianza en sus nuevos compañeros (adultos y compañeros) y también en sí mismo en el mismo momento.

TESTIMONIO SOBRE LA COMUNIDAD INFANTIL

Aurore Moehring, educadora de niños pequeños en comunidad infantil Montessori, escuela EBMR de Rueil Malmaison (92)

En la pedagogía Montessori, he encontrado rápidamente mis valores pedagógicos. He podido observar que los niños tienen sed de aprender y que poner a su disposición el material permite responder a esa sed.

Al principio, me hice preguntas sobre el lugar del juego en la pedagogía Montessori destinada a los más pequeños, puesto que se utiliza siempre el término «trabajo» para hablar de las actividades que se proponen en la clase. Actualmente, he comprendido que el hecho de utilizar la palabra «trabajo» sublima la actividad del niño y le da importancia. Se oye a menudo que hay que proponer juegos de imitación a los más pequeños, pero no hay nada más atractivo y beneficioso para el niño que manipular cosas reales, con un objetivo real y con material real adaptado a su escala.

Por otra parte, he tenido que dejar de lado mis miedos de adulto, como proponer un cuchillo de verdad a los niños para cortar una fruta o una rebanada de pan. He aprendido a confiar en los niños para permitirles actuar por sí mismos, ¡con un cuchillo adecuado, por supuesto!

En coherencia con mi formación de educadora de niños pequeños, he podido permitir a los niños, en el ambiente de la comunidad infantil, que sean autónomos, transformándolos en actores de todos los momentos de la jornada: a la hora de poner la mesa, de limpiarla después de la comida, de servir agua... Todo esto es posible porque ningún adulto sustituye a los niños. Es el ambiente de los niños.

Me interrogué con bastante rapidez sobre el número de adultos que acompañan a los niños en las estructuras Montessori. Este número me parecía insuficiente para un acompañamiento individual y de calidad. Después de un periodo de observación, comprendí rápidamente que un número demasiado grande de profesionales con los niños era un obstáculo para su autonomía. En efecto, cuando se permite que los niños sean autónomos, preparando un material que responda a sus necesidades y colocándolo a su altura, los niños piden menos ayuda a los profesionales.

Por otra parte, tengo la sensación de que también he ampliado mi mirada profesional al trabajo de observación. He aprendido a observar las necesidades de los niños según los conceptos de Maria Montessori, como los periodos sensibles y las tendencias humanas.

He sentido realmente, en esta pedagogía, el respeto por el niño

En una comunidad infantil, el niño se valora y se considera como un individuo único, y sus necesidades se tienen en cuenta de manera específica. Se dice que los niños están centrados en sí mismos a la edad en la que los acogemos en una comunidad infantil, pero si se da un lugar a cada uno y se los respeta a todos, se observa muy deprisa que toman conciencia del otro y son benevolentes entre sí.

TESTIMONIO SOBRE EL PERIODO DE ADAPTACIÓN Y LAS AYUDAS A LA SEPARACIÓN

Lydie Lecetre-Abbyad, educadora Montessori AMI, en comunidad infantil, escuela Les Pouces Verts de Mouans-Sartoux (06)

En el aspecto psicológico, la adaptación se considera un periodo progresivo del ser en su nuevo medio. Está formada por una serie de acomodamientos cuya longitud y dificultad son propias de cada niño. Vivir en un lugar nuevo con nuevas personas es un cambio importante para un niño pequeño. Mantengamos la empatía suficiente para que este momento no se viva como un traumatismo. Para ello, intentemos comprender lo mejor posible lo que el niño siente y respondamos de manera adecuada a sus necesidades de seguridad.

Dos grandes etapas durante el periodo de adaptación

1. La separación del cuerpo, que implica para el niño:
- el alejamiento de sus padres;
- el descubrimiento de novedades (nuevo lugar, nuevas personas, nuevos objetos).

2. Vivir sin su familia, lo cual implica para el niño:
- el miedo al abandono (riesgo de sentir inseguridad);
- la aceptación de esta situación;
- nuevos apegos (educadora y niños de la clase);
- nuevas interacciones de las que es el actor.

Sin embargo, después de este periodo de adaptación que se compone de dos etapas, la separación a veces sigue siendo un reto en futuras mañanas. Hay que mantenerse alerta, evitar las trampas y continuar con un acompañamiento basado en la comprensión del niño que responda a sus necesidades reales. Este periodo a menudo es incómodo para los padres, que toman conciencia de la importancia de su «misión» de acompañantes y de las consecuencias de sus actitudes.

Consejos concretos a los padres para que el niño viva bien la separación

Tener una actitud tranquila y serena. Mostrar que se tiene confianza en el niño y que, como adultos, aceptamos también esta separación. Por experiencia, constato que los padres no siempre están listos para la separación. Los padres serán mejores acompañantes si están preparados ellos mismos a vivir este acontecimiento. Además, solo unos padres convencidos del hecho de que su hijo está bien donde se encuentra podrán valorar el nuevo lugar de vida de su hijo. Ayudar al niño a prever lo que va a pasar (por ejemplo: «Hoy pasará tal cosa...»). Entrar con calma. Caminar tranquilamente. Hablar en voz baja. Tomarse el tiempo de sentarse con el niño y ayudarlo a prepararse implicándolo (guardar la chaqueta y los zapatos, ponerse las zapatillas...). Reconfortar y tranquilizar al niño. Poner palabras a la situación que vive (por ejemplo: «Te comprendo y vendré a buscarte en tal momento...», etcétera).

Desarrollo concreto del periodo de adaptación

La adaptación se extiende a lo largo de varios días o varias semanas, según las necesidades de cada niño. Tiene lugar por las mañanas, entre las 8.30 h y 11.30 h. Este periodo evoluciona según el ritmo y las necesidades del niño. Continúa con la comida en la escuela, que es un momento en el que el niño saca partido del trabajo de vida práctica que habrá realizado anteriormente en clase.

Después, una vez que el niño gestiona bien esta etapa, podemos prolongar la jornada con la siesta, seguida del tiempo de «trabajo» de la tarde y, finalmente, con el tiempo pasado en el jardín a las 16 horas.

El padre o la madre acompañante entra en el espacio destinado a la separación. Se trata de un lugar específico preparado para los pequeños, que pueden guardar aquí sus cosas, ponerse las zapatillas, etcétera. El espacio está parcialmente tabicado para preservar la intimidad del niño que se separa de su madre o su padre, a la vez que se respeta a los otros niños que ya están en actividad en la clase. Yo propongo al acompañante una actividad para que esté ocupado, presente pero no disponible para el niño. Su presencia es tranquilizadora, pero se ocupa de sus asuntos. Uno de los mejores medios de mostrar al niño que está ocupado es la lectura, pero un libro mejor que un ordenador, que puede asociarse a una diversión a los ojos del niño. Dado que el familiar está ocupado, el niño se dirige más fácilmente hacia las propuestas de actividades de la clase. Algunos encadenan y repiten rápidamente diferentes «trabajos» propuestos, otros van y vienen varias veces entre su familiar y sus actividades a lo largo de la mañana y otros se alejan difícilmente de su padre o su madre. En función de cada actitud, se ponen en marcha varias estrategias hasta que el niño pueda dedicarse a lo que hace y alejarse de su familiar sereno y tranquilo.

Evitar «las trampas»

- ✖ Detenerse en los juegos de jardín antes de entrar.
- ✖ Prometer recompensas si se queda tranquilo y trabaja (te aseguro que no necesita a sus padres para que lo recompensen, porque obtendrá su recompensa él mismo con sus actividades).
- ✖ Entrar con un chupete en la boca. Si es necesario, se le ofrece cuando el familiar se marcha.
- ✖ Entablar una conversación demasiado larga con el niño antes de partir.
- ✖ Evitar entrar en conflicto con el niño, por ejemplo, si pide ayuda cuando se sabe que realmente no la necesita. Es mejor complacerlo y responder a su necesidad de atención en este momento.

¡Se recomienda encarecidamente paciencia y disponibilidad! El **tiempo** es el mejor regalo que los padres pueden ofrecer a su hijo. Con un periodo correspondiente a sus necesidades, el niño se adaptará **de forma natural** a su nuevo entorno.

Conclusión

Muchas cosas entran en juego entre los 0 y los 3 años, a una edad en que el niño nos parece muy misterioso y en la que se sientan las bases de su personalidad. Cada niño tiene el potencial de ser autodidacta, siempre que esté protegido y estimulado desde el nacimiento. Seamos educadores benevolentes, tranquilos y alegres, cultivemos la calma y la ligereza. No se trata en ningún caso de aplicar un método, sino de hacerlo lo mejor posible, sobre todo dejando que la naturaleza humana actúe en un ambiente de amor, libertad, respeto por uno mismo y por el otro. Nuestras herramientas preferidas son la observación y la reflexión. Nos permiten ayudar a cada niño a autoeducarse para ayudarlo a ser él mismo. «Conviértete en lo que eres», escribía san Agustín. Para acompañar al niño en este camino, evitemos los obstáculos para su desarrollo espontáneo. Porque la energía vital del niño, cuando se obstaculiza con demasiada frecuencia, corre el riesgo de desviarse y de generar problemas.

Ayudar sin ayudar demasiado y estar siempre disponible sin estar demasiado presente, el niño pequeño necesita este regalo. No es esclavitud para los padres, sino la respuesta indispensable a una necesidad imperiosa del niño. Cuanto más tiempo se dedique al pequeño, más deprisa será autónomo e independiente. La calidad de nuestra manera de ser con el niño pequeño influye sobre su confianza en sí mismo y en la vida.

Nuestra misión de educador es colaborar con el pequeño. No olvidemos que necesita ejercitar su capacidad de conocer su voluntad antes de ser capaz de someterla a la de otro. Es la clave de la educación para la paz y tiene lugar antes de los 3 años. Por lo tanto, hagamos una inversión a largo plazo, no solamente por uno u otro niño, sino por nuestra humanidad, sacrifiquemos nuestro orgullo por el principio superior de la PAZ. No olvidemos que los niños actuales son nuestra posibilidad de mejorar al ser humano, porque construyen a los adultos del mañana.

Tenemos un inmenso instinto maternal y paternal. Basta con confiar en este instinto y confiar en el niño. Transmitimos una manera de estar en el mundo.

¡Este niño que nos parece que nació ayer ya tiene 3 años! Habla, es autónomo, colabora, le gusta aprender y está dispuesto a absorber su cultura en un entorno más amplio. ¡Nos causa admiración y recordamos con placer el conjunto de acontecimientos y emociones que ya nos han conducido hasta aquí! ¡Y la cosa no ha hecho más que empezar! ¡Que llegue pronto lo siguiente, aunque saboreemos cada instante!

«La generación futura no solamente debe saber hacer lo que podemos enseñarle, debe ser capaz de ir un paso más lejos. [...] Tenemos un deber respecto al ser humano del mañana. Quizá un futuro gran líder o un genio está con nosotros y su poder vendrá del poder del niño que es hoy. Es la visión que debemos tener. [...]
La edad entre 2 y 3 años es la edad más importante de la vida.»

Maria Montessori, *The 1946 London Lectures*

Anexos
Cuatro patrones de móviles

El móvil de Munari

Este móvil apela al gusto innato del niño pequeño por el orden y el espíritu matemático. Se basa en la fórmula matemática siguiente.

Esta es una imagen de conjunto de la disposición de los móviles. Encontrarás en Internet tutoriales para fabricar estos móviles, pero también puedes construirlos a tu manera.

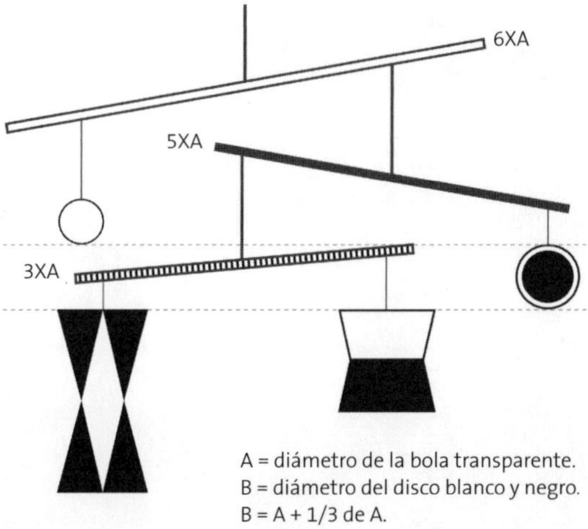

A = diámetro de la bola transparente.
B = diámetro del disco blanco y negro.
B = A + 1/3 de A.

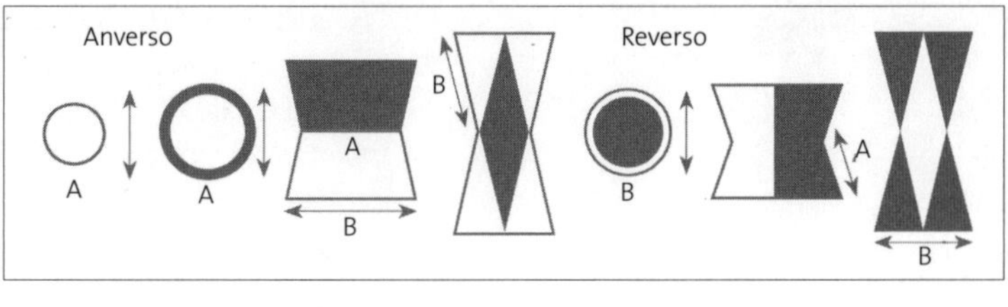

El móvil de Gobbi

Se pueden pintar las bolas o envolverlas como una bobina con hilo de algodón, lana o, idealmente, seda. Este móvil tiene 5 bolas, pero existe una versión de 7 bolas (con una varilla de unos 28 cm).

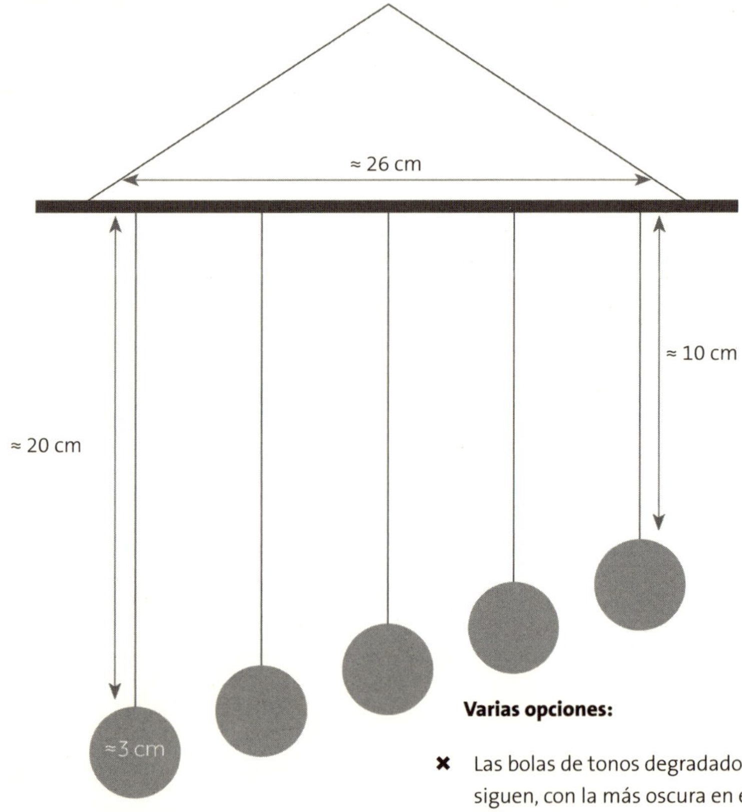

Varias opciones:

- Las bolas de tonos degradados se siguen, con la más oscura en el hilo más largo.
- La bola más oscura se encuentra en el centro, con un degradado simétrico de un lado al otro.

El móvil de los bailarines

Se copian estos bailarines para que tengan unos 14 cm, en papel brillante o que capte la luz (metalizado, holográfico o irisado). Este papel puede tener dos caras, con un color intenso en el reverso. El conjunto debe ser ligero para favorecer el movimiento de los móviles. Se cuelgan los bailarines con hijo de nailon de una o varias varillas.

El móvil de los octaedros

Se copia este patrón en tres hojas de cartulina de color rojo, azul y amarillo. Se puede utilizar la misma escala para los tres, con una arista de unos 4 cm, o bien una escala diferente para cada octaedro, con una variante de 1 cm. Se cuelgan de una varilla.

Bibliografía

Obras de Maria Montessori

De l'enfant à l'adolescent, Desclée de Brouwer, 2006.

Éducation pour un monde nouveau, Desclée de Brouwer, 2010.

Éduquer le potentiel humain, Desclée de Brouwer, 2003.

La Formation de l'homme, Desclée de Brouwer, 2005 (trad. esp.: *Formación del hombre*, Diana, 1986).

L'Éducation et la Paix, Desclée de Brouwer, 2001 (trad. esp. *Educación y paz*, Errepar, 1998).

L'Enfant, Desclée de Brouwer, 2006 (trad. esp.: *El niño: el secreto de la infancia*, Araluce, 1968).

El niño en familia, Desclée de Brouwer, 2007.

Le Manuel pratique de la pédagogie Montessori, 2016 (1939).

Les Étapes de l'éducation, Desclée de Brouwer, 2007.

L'Esprit absorbant de l'enfant, Desclée de Brouwer, 2003 (trad. esp.: *La mente absorbente del niño*, Araluce, 1971).

Pédagogie scientifique, tome I: La Maison des enfants, Desclée de Brouwer, 2004 (trad.: *Pedagogía científica, tomo I: La Casa de los Niños*, Biblioteca Nueva, 2004).

Pédagogie scientifique, tome II: L'Autoéducation à l'école élémentaire, Desclée de Brouwer, 2007.
Psychogéométrie, Desclée de Brouwer, 2013.
The 1946 London Lectures (AMI), Montessori-Pierson Publishing Company, 2012.

Otras obras

CHAPMAN, Gary, y CAMPBELL, Ross, *Langages d'amour des enfants*, Farel, 1998.
DAVID, Myriam, y APPELL, Geneviève, *Loczy ou le Maternage insolite*, Éditions du Scarabée, 1973 (trad. esp.: *Lóczy, una insólita atención personal*, Octaedro, 2010).
DOLTO, Françoise, *Tout est langage*, Gallimard, 2002.
GORDON, Thomas, *Parents efficaces au quotidien*, Marabout, 2007.
LEBOYER, Frédérick, *Pour une naissance sans violence*, Le Seuil, col. «Points», 2008 (trad. esp.: *Por un nacimiento sin violencia,* Mandala, 2008).
LEMOINE, Paul, *Transmettre l'amour: l'art de bien éduquer,* Nouvelle Cité, 2007.
LORANS, Madeleine, *Guide des premiers pas*, Ouest-France 1986.
MARTINO, Bernard, *Le bébé est une personne: la fantastique histoire du nouveau-né,* Balland, 2004, y la película.
MONTANARO, Silvana Quattrochi, *Understanding the Human Being, Nienhuis*, 1987.
PIKLER, Emmi, y SZANTO. Agnès, *Se mouvoir en liberté dès le*

premier âge, PUF, 1979 (trad. esp.: *Moverse en libertad: desarrollo de la psicomotricidad global,* Narcea, 2012).

POLK LILLARD, Paula, *Pourquoi Montessori aujourd'hui?*, Desclée de Brouwer, 1984.

SIZAIRE, Anne, *Maria Montessori, l'éducation libératrice,* Desclée de Brouwer, 1994.

STANDING, Edwin Martine, *Maria Montessori, sa vie, son œuvre,* Desclée de Brouwer, 1995.

STOLL LILLARD, Angeline, *Montessori, the Science Behind the Genius,* Oxford, 2005.

SPINELLI, Patricia, y BENCHETRIT, Karen, *Un autre regard sur l'enfant,* Desclée de Brouwer, 2010.

THIRION, Marie, y CHALLAMEL, Marie-Josèphe, *Le Sommeil, le Rêve et l'Enfant,* Albin Michel, 2011.

THIRION, Marie, *L'Allaitement: de la naissance au sevrage,* Albin Michel, 2004 (trad. esp.: *La lactancia,* De Vecchi, 2006).

TOULEMONDE, Jeannette, *Le Quotidien avec mon enfant,* L'Instant présent, 2005.

VELDMAN, Frans, *Haptonomie, science de l'affectivité,* Presses Universitaires de France, 2007.

Recursos

Centro Nascita Angers: http://www.nascita-angers.fr.

Centro Nascita de Boulogne Billancourt: http://nascita-montessori.blogspot.fr.

Centro Nascita de Rennes: http://www.montessori-rennes.org/content/nascita.

Centro Nascita Montessori del Norte (CNMN): para vivir la propuesta de Maria Montessori en la familia. Talleres, conferencias y escritos sobre las nuevas pedagogías desde 1969: www.parent-chercheur.fr.

Mam - El Nido des P'tits Colibris en Sophia Antipolis: http://www.mam-lescolibris.com.

http://made-in-line.jimdo.com/couture/les-bébés/les-balles-montessori/.

Página web de recursos pedagógicos: www.parent-chercheur.fr.

Página web del CIRDH sobre haptonomía: http://www.haptonomie.org/fr/.

Página web en inglés: http://aidtolife.org.

Revista *Grandir autrement.*

Revista *L'Enfant et la Vie.*

Agradecimientos

Gracias a Stanislas y a nuestros cinco hijos: Solange, Jean-Baptiste, Jeanne, Célestine y Maxime. Este último amplió nuestra familia en 2014 y muchas fotos suyas ilustran este libro. Su llegada estimuló mis ganas de sumergirme de nuevo en los escritos de Maria Montessori, para releerlos desde el ángulo de la primera infancia. Esto me apasionó y me motivó a compartir el enfoque Montessori con los más pequeños. Gracias también a mis padres.

Gracias a André Roberfroid, presidente de la Fundación Montessori de Francia y embajador de la AMI, por su prólogo, pero también por su visión, sus convicciones, su benevolencia y su apoyo.

Gracias a todos los que han dado testimonio y han participado en esta obra: Patricia Spinelli e Isabelle Séchaud, del ISMM, Odile Anot, Céline Alvarez, Aurore Moehring, Lydie Lecetre-Abbyad, Ioana Vasilescu-Bellenger, Hélène de Ségrais, Patricia Peterson-Fontenay, Joumana Hamel, Mia Mazzantini, Yolande Iquel, Elena, Aude, Marie, Nadia y Christelle.

Gracias a las escuelas que me han abierto sus puertas: la escuela Montessori bilingüe de Rueil-Malmaison, la escuela Montessori internacional del Jardín de Luxemburgo en París y el Jardín de Infancia Montessori de Boulogne.

Gracias a la AMI y a Joke Verheul por las fotos de Maria Montessori, así como a Anne-Jeanne Etienbled, Madeline Verguet y Paul Bertin por sus fotos. Y gracias a los figurantes Alice, los gemelos Ebose y Onose, Adam, Edouard, Tristan y Martin.

Gracias a todo el equipo editorial y, en especial, a Gwénaëlle, Sandrine y Anne.

Y gracias a vosotros, queridos lectores, por tener este libro en las manos.

Dedico este libro a todos los niños, son nuestro futuro.

Para ponerse en contacto con Charlotte Poussin

apprendsmoiafaireseul@gmail.com

Página de Facebook de Apprends-moi à faire seul

Página web:
charlotte-poussin.editions-eyrolles.com

«*I cannot live without books.*»
«No puedo vivir sin libros.»
THOMAS JEFFERSON